Fischer TaschenBibliothek

Alle Titel im Taschenformat finden Sie unter:
www.fischer-taschenbibliothek.de

Alain de Botton ist dafür berühmt, unseren Blick für die vermeintlich belanglosen Dinge des Lebens neu und unerwartet zu öffnen, mit seinen Augen sehen wir, was uns zuvor nie aufgefallen ist. So begeistert er uns in seinen Essays für den Charme der Langeweile, führt uns auf überraschenden Wegen durch den Zoo, erzählt, was auf einer Fahrt zum Flughafen so alles passiert: Alain de Bottons große Kunst ist es, allem Unbedeutenden eine verzaubernde Bedeutung abzugewinnen. Und so gehen wir nach der Lektüre seiner Texte um eine Erfahrung reicher zurück in unseren Alltag. Alain de Botton lesen heißt Glück tanken.

Alain de Botton, 1969 in der Schweiz geboren, lebt in London. Kosmopolit und phantasievoller Flaneur der Kultur- und Geistesgeschichte, arbeitet er an einer Philosophie unseres Alltagslebens, das er in all seinen Aspekten untersuchte: ›Versuch über die Liebe‹, ›Wie Proust Ihr Leben verändern kann‹, ›Trost der Philosophie‹, ›Kunst des Reisens‹ und ›Freuden und Mühen der Arbeit‹ heißen seine Bücher. Daneben gründete er in London die »School of Life« und »Living Architecture«. Seine Bücher und Fernsehserien wurden mit zahlreichen Preisen ausgezeichnet, u.a. mit dem Prix Européen de L'Essai »Charles Veillon«. www.alaindebotton.com

Achim Stanislawski, Literaturkritiker und Blogger, lebt und arbeitet in Frankfurt am Main. Er promoviert zurzeit mit einer Arbeit zur Kulturgeschichte der Honigbiene. Zusatztexte zu seiner ›Kleinen Philosophie der Gaumenfreuden‹ finden Sie unter kleinephilosophiedergaumenfreuden.de.

Weitere Informationen finden Sie auf www.fischerverlage.de

Alain de Botton

Die Freuden der der Langeweile

Essays

Aus dem Englischen
von Achim Stanislawski

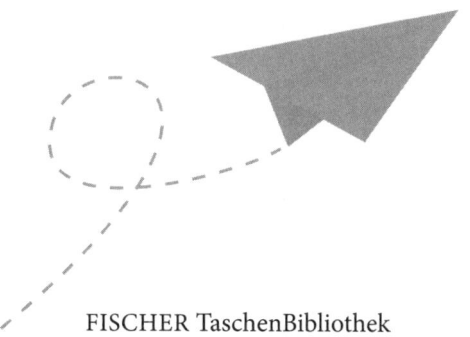

FISCHER TaschenBibliothek

›Über die Freuden der Traurigkeit‹
übersetzte Britt Somann-Jung,
alle anderen Achim Stanislawski

Erschienen bei FISCHER Taschenbuch
Frankfurt am Main, April 2017

Die Originalausgabe erschien unter dem Titel
›On Seeing and Noticing‹ bei Penguin Books, London 2005
© Alain de Botton 2005

Für die deutschsprachige Ausgabe:
© 2017 S. Fischer Verlag GmbH,
Hedderichstr. 114, D-60596 Frankfurt am Main

Umschlaggestaltung: Nicole Lange, Darmstadt
Satz: pagina GmbH, Tübingen
Druck und Bindung: CPI books GmbH, Leck
Printed in Germany
ISBN 978-3-596-52135-7

Inhalt

Über die Freuden der Traurigkeit

Edward Hopper gehört zu der Kategorie von Künstlern, deren Werk traurig ist, uns aber nicht traurig macht – das malerische Gegenstück zu Bach oder Leonard Cohen. Einsamkeit ist das beherrschende Thema seiner Kunst. Seine Figuren wirken, als wären sie weit fort von zu Hause, sie stehen, einen Brief lesend, an der Kante eines Hotelbetts oder trinkend in einer Bar, sie sehen aus dem Fenster eines fahrenden Zugs oder lesen ein Buch in einer Hotellobby. Ihre Gesichter sind verletzlich und in sich gekehrt. Sie haben vielleicht gerade jemanden verlassen oder sind verlassen worden, sie sind auf der Suche nach Arbeit, Sex oder Gesellschaft, haltlos an flüchtigen Orten. Es ist häufig Nacht, und jenseits des Fensters liegen die Dunkelheit und Bedrohung der offenen Landschaft oder einer fremden Stadt. Doch trotz der Trostlosigkeit, die Hoppers Gemälde abbilden, ist es nicht trostlos, sie zu betrachten – vielleicht weil sie es den Betrachtern erlauben, einen Widerhall ihrer eigenen Leiden und Enttäuschungen zu erkennen und sich dadurch von ihnen weniger verfolgt und heimgesucht zu fühlen. Es sind vielleicht die traurigen Bücher, die uns am meisten trösten, wenn wir traurig sind, und Bilder von einsamen Tankstellen, die wir uns an die Wand hängen sollten, wenn es niemanden gibt, den wir in den Armen halten oder lieben könnten.

Auf dem Gemälde *Automat* (1927) sitzt eine Frau allein da und trinkt eine Tasse Kaffee. Es ist spät und, wie ihr Hut und Mantel vermuten lassen, kalt draußen. Der Raum wirkt groß, hell erleuchtet und leer. Die Ausstattung ist funktional, ein Tisch mit Steinplatte, unempfindliche schwarze Holzstühle und weiße Wände. Die Frau wirkt befangen und ein wenig ängstlich, als wäre sie es nicht gewohnt, allein an einem öffentlichen Ort zu sitzen. Irgendetwas scheint schiefgegangen zu sein. Unwissentlich lädt sie den Betrachter ein, sich Geschichten für sie auszumalen, Geschichten von Betrug oder Verlust. Sie versucht, ihre Hand nicht zittern zu lassen, während sie die Tasse an ihre Lippen führt. Es ist vielleicht elf Uhr an einem Februarabend in einer großen nordamerikanischen Stadt.

Automat ist ein Bild von Traurigkeit – und doch ist es kein trauriges Bild. Es hat die Kraft eines großen melancholischen Musikstücks. Trotz der Nüchternheit der Möblierung wirkt der Schauplatz nicht armselig. Andere im Raum mögen auch allein sein, Männer und Frauen, die allein Kaffee trinken, ähnlich gedankenverloren, ähnlich entfernt von der Gesellschaft: eine gemeinsame Isolation mit dem positiven Effekt, in jedem Einzelnen das bedrückende Gefühl zu lindern, dass man allein ist im Alleinsein. Hopper lädt uns dazu ein, Empathie mit der Frau in ihrer Isolation zu empfinden. Sie wirkt würdevoll und großzügig, vielleicht nur ein bisschen zu vertrauensvoll, ein bisschen naiv – als wäre sie gegen eine harte Ecke der Welt gestoßen. Hopper stellt uns auf ihre Seite, die Seite der Außenseiterin gegenüber den Insidern.

In Diners am Straßenrand und lang geöffneten Schnellrestaurants, Hotellobbys und Bahnhofscafés entschärfen vielleicht auch wir ein Gefühl der Isolation an einem einsamen öffentlichen Ort und entdecken infolgedessen ein unverwechselbares Gefühl von Gemeinschaft wieder. Das Fehlen von Häuslichkeit, die helle Beleuchtung und das anonyme Mobiliar können eine Befreiung von den möglicherweise falschen Annehmlichkeiten eines Zuhauses sein. Es ist vielleicht leichter, hier der Traurigkeit nachzugeben, als in einem Wohnzimmer mit Tapete und gerahmten Bildern, dem Dekor eines Refugiums, das uns enttäuscht hat. Die Figuren in Hoppers Kunst sind nicht per se Gegner eines Zuhauses, es ist nur so, dass das Zuhause sie auf vielfältige, nicht näher bestimmte Weise betrogen zu haben scheint, sie in die Nacht oder auf die Straße hinausgezwungen hat. Das 24-Stunden-Restaurant, der Bahnhofswartesaal oder das Motel sind Zufluchtsorte für jene, die – aus ehrenwerten Gründen - daran gescheitert sind, ein Zuhause in der gewöhnlichen Welt zu finden.

Ein Nebeneffekt davon, in Kontakt mit egal welchem großen Künstler zu kommen, ist, dass wir anfangen, Dinge in der Welt zu bemerken, die wir dank des Werks als solchen verstehen, für die der Künstler empfänglich gewesen wäre. Wir werden sensibilisiert für das, was man das Hoppereske nennen könnte, eine Eigenschaft, die sich jetzt nicht nur an den nordamerikanischen Schauplätzen finden lässt, die Hopper selbst besuchte, sondern überall in der entwickelten Welt, wo es Motels und Tankstellen, Straßendiners und Flughäfen, Bushaltestellen und 24-Stunden-Supermärkte gibt. Hopper ist der Vater einer ganzen Kunstschule, die als ihren Gegenstand Orte des »Dazwischen« wählt, Gebäude, die sich jenseits von Zuhause und Büro befinden, Orte des Transits, an denen wir uns einer besonderen Art entfremdeter Poesie bewusst sind. Wir spüren Hoppers Präsenz hinter Fotografien von Andreas Gursky und Hannah Starkey, in den Filmen von Wim Wenders und den Büchern von Thomas Bernhard.

Ich erinnere mich, wie ich das Hoppereske eines Abends in einer Raststätte an der Autobahn zwischen London und Manchester fand. Objektiv betrachtet war es kein schönes Gebäude. Das Licht war gnadenlos, ließ Blässe und Makel hervortreten. Die Stühle und Sitzgelegenheiten, in kindisch grellen Farben gestrichen, besaßen die angestrengte Fröhlichkeit eines falschen Lächelns. Niemand in der Raststätte redete, keiner ließ Neugier oder Mitgefühl zu. An der Essensausgabe blickten wir ausdruckslos aneinander vorbei oder hinaus in die Dunkelheit. Wir hätten auch zwischen Felsen sitzen können. Ich setzte mich in eine Ecke, aß Schokoladenkekse und nahm ab und zu einen Schluck Orangensaft. Ich fühlte mich einsam, aber ausnahmsweise war dies eine sanfte, sogar angenehme Art von Einsamkeit, da sie sich nicht vor einem Hintergrund aus Lachen und Kameradschaft entfaltete, wo ich unter dem Kontrast zwischen meiner Stimmung und der Umgebung gelitten hätte, sondern an einem Ort, wo alle fremd waren, wo die Schwierigkeiten der Kommunikation und die frustrierte Sehnsucht nach Liebe von der Architektur und der Beleuchtung anerkannt und auf brutale Weise gefeiert zu werden schienen.

Tankstellen rufen in mir immer Hoppers *Gas* wach, das dreizehn Jahre nach *Automat* entstand und wie das frühere Bild ebenfalls eine Studie der Isolation darstellt. Wir sehen eine Tankstelle, die isoliert in der einbrechenden Dunkelheit steht. Aber in Hoppers Händen wird die Isolation einmal mehr ergreifend und verlockend. Die Dunkelheit, die sich wie Nebel von der rechten Seite der Leinwand ausbreitet, ein Vorbote der Angst, kontrastiert mit der Sicherheit der Tankstelle. Vor dem Hintergrund aus Nacht und wildem Wald, an diesem letzten Außenposten der Menschheit, lässt sich ein Gefühl von Verwandtschaft vielleicht leichter entwickeln als bei Tageslicht in der Stadt.

Es ist ein eigentümliches Merkmal von Hoppers Werk, dass wir uns, obwohl es sich damit zu befassen scheint, uns unwirtliche Orte des Übergangs zu zeigen, in der Begegnung mit diesem Werk fühlen, als wären wir an einen bedeutenden Ort in uns selbst zurücktransportiert worden, einen Ort der Stille und Traurigkeit, des Ernstes und der Authentizität: Es kann uns helfen, uns an uns selbst zu erinnern. Wie ist es möglich, »sich selbst« zu vergessen? Es geht nicht um ein wörtliches Vergessen praktischer Informationen, vielmehr um ein Vergessen der Teile unseres Selbst, mit denen ein besonderes Gefühl von Integrität und Wohlbefinden verbunden ist. Wir mögen viele verschiedene Versionen eines Selbst haben, die sich nicht alle gleichermaßen wie »wir« anfühlen, eine Teilung, der wir am deutlichsten im Verhältnis zu unserem äußeren Erscheinungsbild begegnen, bei dem wir zu dem Urteil kommen mögen, dass die Person, die ein Fotograf eingefangen hat, zwar etwas mit dem Wesen zu tun haben mag, das unseren Namen trägt, aber tatsächlich nur eine geringe Verbindung zu der Wesensart und Haltung aufweist, mit der wir uns identifizieren. Diese visuelle Dynamik hat eine psychologische Entsprechung, denn innerhalb unseres Geistes werden wir auch aufmerksam auf Konstellationen von Ideen und Stimmungen, die eigen genug sind, um sich wie unterschiedliche Persönlichkeiten anzufühlen – ein inneres Im-Fluss-Sein, das uns gelegentlich veranlasst zu verkünden – ohne dabei auf etwas Übernatürliches anzuspielen –, dass wir nicht ganz wir selbst zu sein scheinen.

Beim Betrachten eines Bildes können wir es als zugleich bedeutend für uns und außerhalb unserer normalen Reichweite erkennen – und was wir unter anderem vielleicht versuchen, wenn wir uns eine Postkarte davon kaufen und sie gut sichtbar über den Schreibtisch hängen (so wie ich es mit mehreren von Hoppers Arbeiten gemacht habe), ist, das Bild als allgegenwärtiges, solides Zeichen der emotionalen Beschaffenheit der Person zu haben, die wir sein wollen und wie die wir uns tief in unserem Innern auch fühlen. Indem wir das Bild jeden Tag sehen, hoffen wir, dass ein paar seiner Eigenschaften auf uns abfärben. Was wir an dem Bild begrüßen, ist nicht so sehr der Gegenstand als vielmehr sein Ton, das Dokument einer emotionalen Haltung, die durch Farbe und Form vermittelt wird. Wir wissen, dass wir natürlich weit davon abkommen werden, dass es nicht möglich und nicht einmal praktisch sein wird, ewig an der Stimmung des Bildes festzuhalten, und dass wir viele verschiedene Menschen werden sein müssen (mit starken Meinungen und einem Gefühl von Gewissheit, mit lockerem Witz und elterlicher Autorität), aber wir begrüßen es als Erinnerung und Anker.

Hopper interessierte sich auch für Autos und Züge. Er fühlte sich zu der in sich gekehrten Stimmung hingezogen, in die uns das Reisen zu versetzen scheint. Es interessierte ihn, die Atmosphäre in halbleeren Waggons einzufangen, die sich ihren Weg durch die Landschaft bahnen: die Stille, die drinnen herrscht, während draußen die Räder rhythmisch gegen die Gleise rattern, die Verträumtheit, die durch den Lärm und den Blick aus den Fenstern genährt wird, eine Verträumtheit, bei der wir außerhalb unseres normalen Selbst zu stehen scheinen und Zugang zu Gedanken und Erinnerungen haben, die unter gesetzteren Umständen vielleicht nicht aufsteigen würden. Die Frau in Hoppers *Compartment C, Car 293* (1938) scheint in solch einer Verfassung zu sein, so wie sie ihr Buch liest und den Blick zwischen Waggon und Aussicht hin und her schweifen lässt.

Wenige Orte sind inneren Unterhaltungen förderlicher als ein Flugzeug, Schiff oder Zug in Bewegung. Es gibt eine fast drollige Korrelation zwischen dem, was sich vor unseren Augen befindet, und den Gedanken, zu denen unser Kopf in der Lage ist: Große Gedanken erfordern manchmal eine große Aussicht, neue Gedanken neue Orte. Introspektiven Reflexionen, die Gefahr laufen, steckenzubleiben, wird durch den Fluss der Landschaft auf die Sprünge geholfen. Der Geist kann widerwillig sein, vernünftig zu denken, wenn Denken alles ist, was er tun soll. Die Aufgabe kann so lähmend sein, wie auf Befehl einen Witz erzählen oder einen Akzent imitieren zu müssen. Das Denken verbessert sich, wenn Teile des Geistes andere Aufgaben erhalten, damit beauftragt sind, Musik zu hören oder einer Baumreihe zu folgen. Die Musik oder die Aussicht lenkt den nervösen, kritischen, praktischen Teil des Geistes für einen Moment ab, der dazu neigt, dichtzumachen, wenn er etwas Schwieriges ins Bewusstsein aufsteigen sieht und der bei Erinnerungen, Sehnsüchten, introspektiven oder originellen Ideen in Panik verfällt und das Administrative und Unpersönliche vorzieht.

Von allen Transportmitteln ist der Zug vielleicht die beste Gedankenhilfe: Die Aussicht hat nichts von der potentiellen Monotonie, die sich bei einem Schiff oder Flugzeug einstellt, er bewegt sich schnell genug, um uns nicht zur Verzweiflung zu treiben, aber langsam genug, um Dinge zu identifizieren. Züge erlauben uns kurze, inspirierende Einblicke in private Bereiche, erlauben uns, eine Frau in dem Augenblick zu sehen, wenn sie eine Tasse von einem Regal in ihrer Küche nimmt, bevor sie uns weiter zu einer Terrasse tragen, auf der ein Mann schläft, und dann zu einem Park, in dem ein Kind einen Ball fängt, der von einer Person geworfen wurde, die wir nicht sehen können.

Am Ende stundenlanger Zugträumerei fühlen wir uns vielleicht, als wenn wir wieder zu uns selbst zurückgebracht wurden: das heißt, zurück in Kontakt gebracht mit Gefühlen und Ideen, die wichtig für uns sind. Es ist nicht unbedingt unser Zuhause, wo wir unserem wahren Selbst am besten begegnen. Die Möbel insistieren, dass wir uns nicht ändern können, weil sie sich nicht ändern; die häusliche Umgebung hält uns an der Leine der Person, die wir im Alltagsleben sind, die aber vielleicht nicht die ist, die wir unserem Wesen nach sind.

Hotels bieten eine vergleichbare Gelegenheit, unseren geistigen Gewohnheiten zu entkommen, und so überrascht es nicht, dass Hopper sie wiederholt gemalt hat (*Hotel Room*, 1931, *Hotel Lobby*, 1943, *Rooms for Tourists*, 1945, *Hotel by a Railroad*, 1952, *Hotel Window*, 1955 und *Western Motel*, 1957). Wenn wir in einem Hotelbett liegen und das Zimmer bis auf das gelegentliche Rauschen eines Fahrstuhls im Inneren des Gebäudes still ist, können wir einen Strich unter das ziehen, was vor unserer Ankunft war, wir können weite und missachtete Gebiete unserer Erfahrung überfliegen. Wir können unser Leben aus einer Höhe überdenken, die wir mitten in unseren täglichen Angelegenheiten nicht hätten erreichen können – auf subtile Weise unterstützt von der unvertrauten Welt um uns herum: von den kleinen eingewickelten Seifen am Waschbeckenrand, der Galerie von Miniaturflaschen in der Minibar, von der Speisekarte des Zimmerservice mit ihrem Versprechen nächtlicher Mahlzeiten und vom Ausblick auf eine unbekannte Stadt, die sich lautlos fünfundzwanzig Stockwerke unter uns regt. Hotelnotizblöcke können Empfänger von unerwartet intensiven, Offenbarungen gleichenden Gedanken sein, die in den frühen Morgenstunden notiert werden.

Wenn es ein Merkmal der Liebe ist, Einsamkeit zu überwinden, passt es nur zu gut, dass meine Jetzt-Ehefrau und ich ein paar Wochen nach unserem Kennenlernen feststellten, dass uns eine Vorliebe für entfremdete hoppereske Räume und insbesondere für Little-Chef-Restaurants gemein ist. Little Chefs sind für das Leben in Großbritannien, was Diner für Amerika sind: hässliche Orte voll mit schlechtem Essen, in denen dennoch Poesie mitschwingt. Meine Frau war als kleines Mädchen von ihrem Vater in Little Chefs mitgenommen worden, einem wortkargen Mann, der gern das englische Frühstück bestellte, die Zeitung las und Zigarette rauchend aus dem Fenster blickte, ohne etwas zu sagen. Es hatte sich wie eine Abwechslung von der üblichen Routine angefühlt, von der Monotonie einer Kindheit in einem öden Marktflecken in Suffolk. Die Speisekarte war grell, jemand brachte das Essen an den Tisch, und manchmal gab es draußen eine Rutsche zum Spielen. Sie hatte sich immer für die

Jubiläumspfannkuchen entschieden, und an einem ihrer Geburtstage hatte sie zweimal Pfannkuchen bestellt und sich dann über die Rückbank des Familienwagens übergeben. Während des Studiums waren Little Chefs dann ein Ort, an den sie gehen konnte, wenn sie der Treibhausatmosphäre ihres Campus entfliehen und für eine Weile das gewöhnlichere Leben vorbeiziehen sehen wollte.

Ich selbst erinnere mich an Little-Chef-Besuche mit meinen Eltern als seltenes Vergnügen – oder Bestattungsritus –, bevor es zurück ins Internat ging. Sie standen für eine quietschbunte, warme, fröhliche Welt, an der ich für immer festhalten wollte, so deutlich war der Kontrast zu dem Ort, zu dem ich unterwegs war. Dann, als Erwachsener, in einer langen und schmerzhaft einsamen Phase Mitte zwanzig, bin ich manchmal aus London herausgefahren, um ein einsames Mittagessen in einem Little Chef einzunehmen. Es fühlte sich tröstlich an, meine eigene Entfremdung in einer vollständig entfremdeten Umgebung zu ertränken. Es war wie Schopenhauer lesen, wenn man niedergeschlagen ist. Little Chefs drehen sich auf vielfältige Weise um Einsamkeit, sogar um eine spezifisch englische Art von Einsamkeit. Sie stehen für Einsamkeit und sind gleichzeitig ein eigenartiges Heilmittel dagegen.

Dank der merkwürdigen Kulisse eines Little Chefs können wir für einen Moment den Zwängen eines

Zuhauses, unserer geistigen Gewohnheiten, den Regeln einer hochentwickelten Gesellschaft entkommen – und die betörende Vision eines alternativen Lebens genießen. Eine gemeinsame Vorliebe für Little Chefs auszumachen heißt, nicht nur einen Restaurantgeschmack zu teilen, sondern ein Stück innerer, sehr privater Psychologie. Es ist ein Wunder, dass dort nicht öfter Hochzeiten gefeiert werden.

Oscar Wilde hat einmal gesagt, dass es in London keinen Nebel gegeben habe, bevor Whistler ihn malte. Natürlich hatte es haufenweise Nebel gegeben, es war nur ein wenig schwieriger gewesen, seine Qualitäten zu erkennen, ohne dass Whistler unseren Blick lenkte. Was Wilde über Whistler sagte, können wir genauso gut über Hopper sagen: dass auf der Welt weit weniger Tankstellen, Little Chefs, Flughäfen, Züge, Motels und Diners sichtbar waren, bevor Edward Hopper zu malen anfing.

Über Flughafenbesuche

Wenn wir uns zu Hause nur noch gelangweilt und traurig fühlen, ist einer der besten Plätze, die man ansteuern kann, der Flughafen. Nicht unbedingt, um gleich einen Flieger zu besteigen – es gibt keinen schnelleren Weg, einen Flughafen hassen zu lernen, als ihn benutzen zu müssen –, sondern vielmehr um ihn zu bewundern, so wie man ein Gemälde, oder genauer: eine Ballettaufführung bewundert.

An einem grauen Tag in Heathrow erscheint eine 747 am Ende der Landebahn zunächst als kleines weißes Lichtlein, ein Stern, der gen Erde fällt. Die Maschine ist schon mehr als zwölf Stunden in der Luft. Abgeflogen ist sie in Bangkok bei Dämmerung. Sie ist über den Golf von Bengalen, Delhi, die afghanische Wüste und das Kaspische Meer geflogen, ihrem Kurs über Rumänien und die Tschechische Republik gefolgt und begann dann über der Küste der Normandie langsam zu sinken, so sanft, dass nur wenige ihrer Passagiere den leichten Tonwechsel im Brummen ihres Antriebs gehört haben dürften. Für uns am Boden gewinnt der weiße Lichtpunkt nun langsam an Gestalt, bis er sich als gewaltiges zweistöckiges Luftschiff mit vier Turbinen entpuppt, die wie Ohrringe unter den unwahrscheinlich großen Tragflächen hängen. Im leichten Nieselregen wirbeln Wolken aus Wasser zu einer feinen Schleppe auf, die das Flugzeug auf seiner matronenhaften Annäherung zum Rollfeld hinter sich herzieht. Das Flugzeug ist ein grandioses Symbol der Weltlichkeit, das in sich eine Spur all jener Länder mitführt, die es überquert hat. Seine grenzenlose Beweglichkeit bietet ein imaginatives Gegengewicht zu unserem beklemmenden Gefühl der Stagnation und Beschränkung. Noch heute Morgen ist dieses Flugzeug über die malaysische Halbinsel hinweggeflogen. In solch einem Satz schwingt der Geruch von Guave und Sandelholz mit. Jetzt, nur wenige Meter über dem Boden, dem das Flugzeug so lange entkommen war, scheint es mit seiner hochgereckten Nase fast stillzustehen, als zögere es, bevor die sechzehn Räder seines ausklappbaren Fuhrwerks, begleitet von ebenso vielen Rauchwolken, auf dem Asphalt aufsetzen, und so seine ungeheure Geschwindigkeit und sein Gewicht erahnen zu lassen.

Von der danebenliegenden Startbahn hebt eine A340 in Richtung New York ab. Ihre Bremsklappen und Räder, die sie bis zum Landeanflug über den weiß gestrichenen Häusern von Long Beach, 3000 Meilen und mehr als acht Stunden über Meer und

Wolken entfernt, nicht mehr brauchen wird, werden eingefahren. Durch die von den Turbinen zum Flirren aufgewirbelte Luft kann man noch weitere Flugzeuge erkennen, die darauf warten, ihre Reise anzutreten. Auf dem ganzen Flugfeld rollen Maschinen zu den Terminals, ihre farbigen Ruder verschwimmen wie die Segel einer Regatta zu einem Durcheinander an Farben vor dem grauen Hintergrund des Horizonts.

Entlang der gläsernen Front des Terminals ruhen drei Riesen, deren farbenfrohe Lackierungen ihre unterschiedliche Herkunft anzeigen: Kanada, Pakistan, Korea. Für ein paar Stunden stehen sie einträchtig nebeneinander, fast berühren sich ihre Flügelspitzen, bevor jedes einzelne wieder seine Reise in die Stratosphärenwinde antritt. Wenn die Flugzeuge ihr jeweiliges Gate erreicht haben, beginnt ein streng choreographierter Tanz. Trucks schlüpfen unter den Bug, schwarze Betankungsschläuche werden an den Unterseiten der Flügel befestigt, eine Gangway stülpt ihre rechteckige Gummilippe über den Rumpf. Die Türen des Laderaums werden geöffnet, um die in ihm verbogenen Frachtkisten aus Aluminium zu entnehmen, in denen sich vielleicht Früchte befinden, die vor wenigen Tagen noch an tropischen Bäumen hingen, oder ein Gemüse, dessen Wurzeln sich bis vor kurzem noch in die Erde einer stillen Hochebene gegraben haben. Zwei Männer in Overalls stellen eine Leiter gegen eine der Maschinen, öffnen die

Ummantelung und legen dabei ein Innenleben aus Drähten und kleinen Stahlrohren frei. Aus der Kabine werden die eingesammelten Decken und Kissen hinabgereicht. Für die nun aussteigenden Passagiere wird dieser ganz gewöhnliche Nachmittag mit einem Hauch von Wunder versehen.

Aber nirgends ist der Reiz, der den Flughafen ausmacht, wohl konzentrierter als auf den Bildschirmreihen, die die Ankunft- und Abflugzeiten der Flüge anzeigen. Obwohl sie von einer totalen Abwesenheit ästhetischen Bewusstseins zeugen, mit ihrer fachmännischen Verkleidung und ihrem durch und durch nüchternen Schrift-Design, haben sie doch eine imaginative Anziehungskraft. Tokio, Amsterdam, Istanbul, Warschau, Singapur, Rio. Die Anzeigentafeln teilen die gleiche poetische Resonanz wie die letzte Zeile in James Joyces' *Ulysses*. Dort findet sich jene sachliche Angabe, die benennt, wo das Buch geschrieben wurde, und gleichzeitig, und keinesfalls weniger wichtig, einen Hinweis auf den kosmopoliten Geist gibt, dem es entsprungen ist: »Trieste, Zürich, Paris.« Die unablässige Aufforderung der Anzeigentafeln, manche begleitet durch das hektische Blinken eines Cursors, bedeutet uns, dass es ein Leichtes wäre, unser scheinbar so festgefahrenes Leben zu ändern. Dafür müssen wir nur einen Korridor entlanggehen und ein Flugzeug besteigen, das uns innerhalb weniger Stunden an einen Ort bringt, an den wir keine Erinnerung haben und wo niemand unseren Namen kennt. Wenn uns an einem ganz gewöhnlichen Nachmittag, so gegen drei Uhr, wieder einmal die Gletscherspalten unseres trägen Gemüts und unsere Verzagtheit zu umzingeln drohen, wie wohltuend ist dann diese Gewissheit: dass es immer irgendein Flugzeug gibt, das gerade losfliegt. Hin zu einem anderen Ort.

Obwohl man es sich wissenschaftlich erklären kann, ist man doch wieder verwundert, wenn man ein am Gate geparktes Flugzeug sieht, neben dem die Gepäckfahrzeuge und Mechaniker winzig wirken. Wie kann sich solch ein Ding überhaupt von der Stelle bewegen – ob nur einige Meter oder gar bis nach Japan. Ein Gebäude etwa, eines der wenigen menschengemachten Gebilde von vergleichbarer Größe, bereitet uns nicht auf die Erfahrung der eigenartigen Mobilität eines Flugzeugs vor, denn ein Gebäude bekommt Risse durch die untergründigen Bewegungen der Erde, durch die Luft und Wasser lecken, oder es verliert Teile seiner Konstruktion an den Wind. Nicht so das Flugzeug. Wenige Augenblicke im Leben eines Menschen sind befreiender als der, in dem ein Flugzeug in den Himmel aufsteigt. Der Blick aus dem Bordfenster einer am Ende der Startbahn stehenden Maschine gewährt uns noch einen Ausblick auf bekannte Proportionen: eine Straße, Öltanks, Gras und Hotels mit kupferfarbenen Fensterrahmen, die Erde, wie wir sie kennen und auf der wir nur langsam vorankommen, selbst wenn wir in einem Auto sitzen, auf der sich Wadenmuskeln und Getriebe abmühen müssen, um die Kuppe eines Hügels zu erreichen, wo uns fast überall nach 500 Metern eine Baumlinie den Blick versperrt. Dann plötzlich steigen wir langsam, begleitet von der kontrollierten Wut der Turbinen (und dem leichten Klirren der Gläser auf dem Servierwagen), in die Luft und ein immenser Horizont öffnet sich vor uns, durch den wir unseren Blick ohne Hindernisse wandern lassen können. Eine Reise, die unten auf der Erde einen ganzen Nachmittag gedauert hätte, kann nun mit einer minimalen Bewegung des Auges geschehen.

Darüber hinaus gewährt das Abheben auch ein seltenes psychologisches Vergnügen, denn der schnelle Aufstieg des Flugzeuges ist ein wunderbares Symbol für die Transformation. Diese Zurschaustellung von Kraft kann uns anleiten, uns ähnlich unmittelbare Übergänge in unserem eigenen Leben vorzustellen. So lernen wir zu träumen, dass auch wir uns eines Tages über das, was sich wie ein zäher Nebel über uns auftürmt, erheben werden.

Die neugewonnene Perspektive lässt auch Logik und Ordnung der Landschaft unter uns erkennbar werden: Autobahnen beschreiben Kurven, um Hügel zu umgehen, Flüsse suchen sich ihren eigenen Weg in den nächsten See, Stromkabel verbinden Kraftwerke mit Städten, Straßen, die auf Bodenniveau völlig beliebig angeordnet zu sein scheinen, werden nun als umsichtig ausgelegtes Muster erkennbar. Das Auge versucht, das Gesehene mit dem in Verbindung zu bringen, von dem es weiß, dass es da sein muss. Ganz so, als versuchte man, ein bekanntes Buch in einer fremden Sprache zu lesen. Wie konnten wir nur die ganze Zeit übersehen, wie klein unser Leben in Wahrheit ist? Diese ist die Welt, in der wir leben, und doch bekommen wir sie nie so zu Gesicht. So müssen wir Menschen auf einen Adler oder die Götter wirken.

Die Triebwerke verraten nichts von der Arbeit, die geleistet werden muss, um uns an diesen Ort zu bringen. Sie hängen in der unbeschreiblichen Kälte dort draußen und treiben das Flugzeug geduldig und unmerklich an. Ihr einziger Wunsch, mit roter Farbe auf ihre Flanken gemalt, ist, dass wir nicht auf ihren Tragflächen herumlaufen und sie richtig füttern: »Oil-only: D50TFI-S4«. Eine Nachricht an die nächste Gruppe von Männern in Overalls, die 4000 Meilen entfernt in diesem Augenblick noch im Bett liegt.

Man redet nicht viel über die Wolken, die sich hier oben dem Anblick darbieten. Keiner scheint es für nötig zu halten, darauf aufmerksam zu machen, dass wir gerade an einer gewaltigen Insel aus Zuckerwatte vorbeifliegen, die in einem Gemälde von Piero della Francesca einen wunderbaren Sitz für einen Engel oder Gott selbst abgegeben hätte. Niemand in der Kabine steht auf und deklamiert mit der erforderlichen Emphase, dass man, aus dem Fenster blickend, *Wolken unter uns herziehen sehen kann*, ein Umstand, der Leonardo und Poussin, Claude und Constable hingerissen hätte.

Essen, das uns, käme es aus einer normalen Küche, einfallslos oder gar widerlich vorkommen würde, gewinnt über den Wolken einen eigenen Geschmack (wie ein einfaches Picknick aus Brot und Käse, das wir am Fuße einer Klippe über der anbrandenden See verspeisen). Mit Hilfe des Essenstabletts machen wir uns an diesem ungemütlichen Ort heimisch. Wir bestaunen die extraterrestrische Landschaft über einem kalten Brötchen und einer Plastikschüssel mit Kartoffelsalat.

Unsere luftigen Nachbarn sehen bei genauerem Blick anders aus, als wir sie uns vorgestellt haben. In Gemälden und vom Boden aus betrachtet, sind sie horizontal überlagerte Schichten, doch von hier oben ähneln sie eher gigantischen Obelisken aus einem Haufen wackeligen Rasierschaums. Ihre Verwandtschaft mit dem Dampf ist nun offensichtlicher, sie sind flüchtiger, als seien sie der aufgewirbelte Staub einer gewaltigen Explosion, die sich immer noch fortsetzt. Wie eigenartig, dass man nicht auf ihnen sitzen kann.

Die Wolken gleiten ruhig vorbei. Unter uns befinden sich Freund und Feind, die Stätten unserer

Ängste und unseres Kummers. Das alles ist nun verschwindend klein, nur Schrammen auf der gewaltigen Erde. Auch wenn wir die alte Lehre aus der Optik über die Perspektive gut zu kennen meinen, so ist sie doch selten so wahr, wie in dem Moment, in dem wir unsere Stirn gegen das kalte Fensterglas drücken. Das Flugzeug, der Lehrmeister einer tiefgründigen Philosophie.

Über Authentizität

1.

Es ist eine Ironie der Liebe, dass es einfacher ist, einen Menschen zu verführen, zu dem wir uns nicht hingezogen fühlen, weil im anderen Fall die Intensität der Begierde der für die Verführung nötigen Indifferenz in die Quere kommt. Das Verlangen lässt in uns ein Gefühl der Minderwertigkeit entstehen im Vergleich zur Perfektion, die wir in dem geliebten Menschen ausgemacht haben wollen. Durch meine Liebe zu Chloe hatte ich den Glauben an meine eigene Wertigkeit verloren. Wer konnte ich nur neben ihr sein? Hatte sie mir nicht schon eine unerhörte Gunst erwiesen, indem sie sich zu einem Abendessen mit mir bereit erklärte, sich so elegant angezogen hatte (»Geht das so?«, fragte sie im Auto. »Ich hoffe es, denn ein sechstes Mal werde ich mich ganz bestimmt nicht mehr umziehen.«), und vielleicht würde sie mir ja die äußerste Gunst erweisen, indem sie (wenn ich es nur fertigbrächte, die Sprache wiederzufinden) auf das, was über meine unwürdigen Lippen kommt, antwortet?

2.

Es war Freitagnacht. Chloe und ich saßen an einem Ecktisch im Les Liaisons Dangereuses, einem französischen Restaurant, das gerade in der Fulham Road aufgemacht hatte. Es hätte keine bessere Szene für Chloes Schönheit geben können. Die Kerzen in den Leuchtern malten sanfte Schatten auf ihr Gesicht, die Wände waren von demselben intensiven Grün wie ihre Augen. Und dennoch bemerkte ich plötzlich (obwohl wir Minuten zuvor noch lebhaft miteinander geredet hatten), dass ich in Gegenwart dieses Engels mit einem Mal die Fähigkeit zu denken oder zu sprechen verloren hatte, zu nichts mehr imstande, als unsichtbare Muster auf das gestärkte weiße Tischtuch zu malen und unnötig an meinem großen Wasserkelch zu nippen.

3.

Da entstand durch meine eingebildete Minderwertigkeit das Bedürfnis, eine Persönlichkeit anzunehmen, die nicht ich selbst war, ein Verführer-Alter-Ego, das die Wünsche dieses höheren Wesens erahnen und auch erfüllen könnte. Hatte die Liebe mich somit dazu verdammt, nicht ich selbst zu sein? Vielleicht nicht für immer, aber zumindest in dieser Phase der Verführung, denn sie verlangte von mir (wenn ich es ernst nahm), dass ich mich fragte: »Was würde ihr gefallen?«, anstatt »Was würde mir gefallen?«. Ich fragte mich, »Was denkt sie über meine Krawatte?«, statt »Wie finde ich sie?«. Die Liebe zwang mich dazu, mich selbst mit den Augen der Geliebten zu sehen. Nicht »Wer bin ich?«, sondern »Wer bin ich für sie?«. Und durch das reflexive Moment dieser Frage, konnte mein Selbst nicht anders, als sich in gewissem Maße zu verfälschen und seine Authentizität einzubüßen.

4.

Dieser Mangel an Authentizität manifestierte sich nicht in schamlosen Lügen oder unhaltbaren Übertreibungen. Vielmehr entwickelte ich den Drang, voraussehen zu müssen, was Chloe wollte, damit ich meine neue Rolle demgemäß spielen konnte.

»Möchtest du ein Glas Wein?«, fragte ich sie.

»Ich weiß nicht, möchtest du?«, fragte sie zurück.

»Mir würde es nichts ausmachen, wenn du Lust drauf hast«, antwortete ich.

»Ganz wie du willst«, fuhr sie fort.

»Beides wäre in Ordnung für mich.«

»Für mich auch.«

»Also, sollten wir welchen trinken?«

»Also, ich werde ganz sicher keinen trinken«, wagte sich Chloe hervor.

»Du hast recht. Mir steht auch nicht der Sinn danach«, pflichtete ich ihr sofort bei.

»Dann trinken wir also keinen Wein«, schloss sie.

»Gut, lass uns einfach beim Wasser bleiben.«

5.

Die Voraussetzung für ein authentisches Selbst ist eine stabile Identität, die sich von der Gesellschaft, in der wir uns gerade befinden, nicht beeinflussen lässt. Doch im Verlaufe des Abends hatte ich mehr und mehr den höchst unauthentischen Versuch unternommen, mich Chloes vermeintlichen Wünschen und Vorlieben entsprechend umzuformen. Was erwartete sie von einem Mann? Nach welchen Kriterien sollte ich mein Verhalten ausrichten? Wenn sich selbst treu zu bleiben ein essentielles Kriterium für ein ethisches Selbst ist, dann hatte mich mein Verführungsversuch dazu gebracht, dieser Ethik bewusst nicht zu entsprechen. Warum hatte ich, angesichts der umfangreichen Weinkarte, die auf einer Kreidetafel über Chloes Kopf gut sichtbar angepriesen wurde, bezüglich meiner Wünsche gelogen? Weil diese Wahl mir plötzlich unadäquat und grob angesichts ihres Wunsches nach Wasser erschienen war. Die Verführungskunst hatte mich in zwei

Selbst gespalten: in mein wahres (alkoholisches) und mein falsches (aquatisches) Selbst.

6.

Der erste Gang kam. Die Speisen waren in der Symmetrie eines französischen Prunkgartens auf den Tellern arrangiert.

»Es sieht so schön aus, dass man es kaum anzufassen wagt«, sagte Chloe (wie gut ich dieses Gefühl kannte). »Ich habe noch nie auf diese Art gegrillten Thunfisch gegessen.« Wir begannen zu essen. Das einzige Geräusch war das des Bestecks auf dem Porzellan. Mir fiel nichts mehr ein, über das wir hätten sprechen können. Chloe war schon zu lange der einzige Gedanke, den ich fassen konnte, aber genau das war auch der einzige Gedanke, den ich nicht mit ihr teilen konnte. Das Schweigen kam einer vernichtenden Anklage gleich. Schweigen in Gegenwart einer unattraktiven Person bedeutet, dass du dich mit ihr langweilst. Im Umkehrschluss ist das Schweigen einer attraktiven Person dir gegenüber ein deutliches Zeichen, dass du ein schrecklicher Langweiler bist.

7.

Vielleicht könnte man betretenes Schweigen und Fahrigkeit als eine eher mitleiderregende Begleiterscheinung heftigen Verlangens entschuldigen, da es leichter fällt, jemanden zu verführen, demgegenüber man nichts empfindet. Der ungeschickteste Verführer ist wohl auch der aufrichtigste. Wenn man einfach nicht die richtigen Worte findet, kann das ironischerweise ein Beweis dafür sein, dass die richtigen Worte gemeint sind (wenn man sie nur finden würde …). In jenen anderen Liaisons wirft die Marquise de Merteuil dem Vicomte de Valmont vor, seine Liebesbriefe seien zu perfekt, zu logisch aufgebaut, um wirklich die Worte eines entflammten Liebenden zu sein. Denn die Gedanken eines Liebenden wären unzusammenhängend, und er würde nie den treffenden Satz finden. Die Sprache stolpert über die Liebe, und gerade die Begierde lässt klare Artikulation vermissen (doch wie bereitwillig hätte ich mein Schweigen jetzt für das geschliffene Vokabular des Vicomte eingetauscht).

8.

Um Chloe zu verführen, musste ich mehr über sie herausfinden. Wie hätte ich mein wahres Selbst aufgeben können, ohne zu wissen, welches falsche Selbst ich annehmen sollte? Aber das erwies sich als schwierige Aufgabe, denn um einen anderen zu verstehen, bedarf es Stunden aufmerksamer Gespräche und vieler Überlegungen, damit man aus Tausenden einzelnen Wörtern und Taten einen kohärenten Charakter zusammensetzen kann. Unglücklicherweise überstiegen in diesem Moment die für solch eine Aufgabe nötige Geduld und Auffassungsgabe die Kapazitäten meines aufgewühlten und betörten Verstandes. Ich benahm mich wie ein reduktionistischer Sozialpsychologe, der Menschen in Schubladen steckt, und nicht wie ein umsichtiger Romancier, der sorgsam darauf bedacht ist, die Polyvalenz der menschlichen Natur einzufangen. Während des ersten Gangs überschüttete ich sie mit einfallslosen Fragen, wie man sie wohl auch in einem Interview gestellt bekäme. Was liest du gern? (»Joyce, Henry James und Cosmo, wenn ich die Zeit dazu finde.«) Magst du deinen Job? (»Alle Jobs sind ziemlicher Mist, meinst du nicht auch?«) Wenn du aussuchen könntest, in welchem Land würdest du gerne leben? (»Ich finde es gut hier. Auf jeden Fall irgendwo, wo ich den Stecker an meinem Föhn nicht wechseln muss.«) Was machst du an den Wochenenden? (»Am Samstag gehe ich ins Kino. Am Sonntag fülle ich meine Schokoladenvorräte auf, um mich mit ihnen zurückzuziehen, falls ich abends einen depressiven Schub bekomme.«)

9.

Verborgen hinter diesen ungelenken Fragen (mit jeder schien ich sie ein bisschen weniger zu kennen) war das ungestüme Verlangen, ihr die eine Frage zu stellen: »Wer bist du?« (und damit auch: »Wer soll ich für dich sein?«) Aber solch eine direkte Vorangehensweise wäre zum Scheitern verurteilt, und je mutiger ich sie verfolgte, umso sicherer würde sie mir entwischen. Sie erzählte mir, welche Zeitungen sie las, welche Musik sie mochte, doch nichts davon konnte mir darüber Klarheit verschaffen, »wer« sie war – auch das wieder eine Erinnerung daran, als ob man das bräuchte, dass sich das »Ich« entziehen kann.

10.

Chloe hasst es, über sich selbst zu reden. Ihre wohl auffälligste Eigenschaft war eine gewisse Bescheidenheit und Selbstironie. Wann immer das Gespräch sie dazu zwang, über sich selbst zu reden, tat sie das mit äußerst harschen Worten. Sie sprach nicht einfach über »Chloe« und ihr »Ich«, sondern nur über »Verrückte wie mich« oder die »Gewinnerin des Ophelia-Gedenkpreises für zerrüttete Nerven«. Ihre Selbstironie war umso attraktiver, als sie völlig frei von dem aufgesetzten Selbstmitleid jener Leute war, die auf jedes »Ich bin so bescheuert« ein »Nein, das bist du nicht« erwarten.

11.

Ihre Kindheit war nicht gerade wohlbehütet gewesen, doch allzu viel wollte sie darüber nicht erzählen (»Ich

mag es nicht, wenn man die eigene Kindheit so über-
dramatisiert, als wäre Hiobs Schicksal vergleichswei-
se harmlos gewesen.«). Sie war Kind wohlhabender
Eltern gewesen. Ihr Vater (»Sein größtes Probleme
war, dass seine Eltern ihm den Namen Barry ga-
ben«) war ein Professor der Rechtswissenschaften
gewesen, ihr Mutter (»Claire«) hatte eine Zeitlang
einen Blumenladen. Chloe war das mittlere Kind,
eingequetscht zwischen zwei über alles geliebte und
makellose Söhne. Als ihr älterer Bruder kurz nach
ihrem achten Geburtstag an Leukämie starb, drückte
sich der Kummer ihrer Eltern vornehmlich in Wut
über ihre Tochter aus, die die Frechheit besaß, am
Leben zu bleiben, während er tot war. Sie wuchs von
Schuldkomplexen verfolgt auf und machte sich selbst
für das Geschehene verantwortlich. Ihre Mutter tat
nichts, um dies zu widerlegen. Sie hatte die Fähigkeit,
die Schwachstelle eines Menschen sofort ausfindig
zu machen, und hackte dann endlos auf ihr herum.
Chloe wurde immer wieder darauf hingewiesen, wie
schlecht ihre Schulnoten im Vergleich zu ihrem toten
Bruder waren, wie tölpelhaft sie sich benahm und
was für ein schlechter Umgang ihre Freunde waren
(Kritikpunkte, die nicht unbedingt zutreffend sein
mussten, aber mit jeder Wiederholung ein Stückchen
an Wahrheit gewannen). Chloe suchte bei ihrem Vater
Zuspruch. Doch der Mann ging mit seinen Gefühlen
ebenso verschlossen um, wie er andererseits mit sei-

nem juristischen Wissen bei ihr hausieren ging, das er ihr mit pedantischer Euphorie nahezulegen suchte, bis Chloes Frustration mit den Jahren in Wut umschwang und sie sich offen gegen ihn und alles, wofür er stand, stellte (was für ein Glück, dass ich nicht in die Juristerei gegangen war).

12.

Über Verflossene machte sie während des Essens nur Andeutungen: Einer hatte als Motorradmechaniker in Italien gearbeitet, war ziemlich grob mit ihr umgesprungen, wofür sie ihn auch noch bemuttert hatte, bis er wegen illegalen Drogenbesitzes ins Gefängnis gehen musste. Einer war Professor der Analytischen Philosophie an der London University gewesen (»Man musste nicht Freud sein, um zu erkennen, dass er der Papi war, mit dem ich nie ins Bett gegangen war.«), ein anderer war Testpilot bei Rover (»Bis heute kann ich mir das nicht erklären. Wahrscheinlich mochte ich einfach seinen Birminghamer Akzent.«). Aber aus diesen Geschichten ergab sich kein klares Bild, weshalb ich meine Vermutung, wie ihr Idealmann sein sollte, in meinem Kopf ständig neu justieren musste. Manche Eigenschaften lobte sie in den Himmel, nur um sie im darauffolgenden Satz zu verdammen, wodurch ich dazu gezwungen war, das Selbst, das ich für sie sein wollte, immer wieder neu zu entwerfen. In einem Moment sprach sie sich für emotionale Verletzlichkeit aus und im nächsten verdammte sie diese zugunsten der Unabhängigkeit. Mal hob sie Ehrlichkeit als überragenden Wert hervor, doch im nächsten Moment rechtfertigte sie die Untreue mit Hinweis auf die Scheinheiligkeit der Ehe.

13.

Die Komplexität ihrer Meinungen führte zu einer gewissen Schizophrenie bei mir. Welche meiner Seiten sollte ich hervorkehren? Wie konnte ich vermeiden, sie zu brüskieren, ohne bei dem Versuch vollkommen nichtssagend zu wirken? Während wir das Menü genossen (ein Menü voller Hindernisse für den verhinderten Valmont), merkte ich, wie ich vorsichtig einen Standpunkt vortrug, nur um ihn kurz darauf subtil abzuändern, damit er mit dem ihren möglichst übereinstimmte. Jede von Chloes Fragen war furchteinflößend, denn meine Antworten konnten unbewusst etwas enthalten, das sie verletzen könnte. Der Hauptgang (für mich Ente, Lachs für sie) war ein einziges Minenfeld – ob ich glaubte, dass zwei Menschen nur füreinander leben können? Hatte ich eine schwere Kindheit gehabt? War ich jemals wirklich verliebt gewesen? Wie hatte es sich angefühlt? War ich ein Kopfmensch oder Bauchmensch? Wem hatte ich bei der letzten Wahl meine Stimme gegeben? Was ist meine Lieblingsfarbe? War ich der Ansicht, Frauen seien unbeständiger als Männer?

14.

An Originalität war nicht zu denken, da es gut möglich war, sie dadurch vor den Kopf zu stoßen. Vielmehr passte ich mich dem an, von dem ich dachte, Chloe könnte es so fühlen. Wenn sie auf harte Kerle stand, dann würde ich hart sein, wenn sie gerne surfen ging, würde ich zum Surfer werden. Wenn sie Schach hasste, würde auch ich Schach hassen. Wenn das, was sie von einem Liebhaber erwartete, ein eng geschnittener Anzug war, dann war mein wahres Selbst ein fetter Mann, der verzweifelt versuchte, in diesen viel zu kleinen Anzug zu passen. In einem verzweifelten Versuch, die Beulen zu vertuschen, die aus dem Anzug quollen, musste ich die Luft anhalten, damit der Stoff nicht riss. Deshalb war es nicht überraschend, dass meine Haltung nicht so natürlich wirkte, wie ich es mir gerne gewünscht hätte. Wie sollte ein fetter Mann in einem viel zu engen Anzug auch ungezwungen sein? Er hat so große Angst, dass der Anzug aufplatzen könne, dass er letztlich dazu gezwungen ist, reglos dazusitzen, die Luft anzuhalten und zu beten, er möge den Abend unbeschadet überstehen. Die Liebe hatte mich zum Krüppel gemacht.

15.

Chloe sah sich einem ganz anderen Dilemma gegenüber, denn mittlerweile war es Zeit für den Nachtisch, und obwohl sie nur eines wählen konnte, hatte sie mehr als ein Verlangen.

»Schokolade oder Karamell, was meinst du?«, fragte sie (und der Hauch eines schlechten Gewissens zog über ihre Stirn). »Vielleicht kannst du das eine wählen und ich das andere. Dann können wir teilen.«

Ich hatte auf keines der beiden Lust, weil mein Magen grummelte, aber das war nicht der Punkt.

»Ich liebe Schokolade über alles, du nicht auch?«, fragte Chloe. »Ich kann es nicht verstehen, wie man Schokolade nicht mögen kann. Einmal war ich mit einem Typ namens Robert zusammen, ich habe dir von ihm erzählt, aus irgendeinem Grund, war ich nie ganz glücklich mit ihm. Aber ich wusste nie, woran das lag. Doch eines Tages kam ich drauf: er mochte keine Schokolade. Es war aber nicht so, dass er sie einfach nicht mochte. Er hasste Schokolade geradezu. Man hätte ihm eine ganze Packung vor die Nase setzen können und er hätte sie nicht einmal angerührt. So etwas ist unvorstellbar für mich, weißt du. Nun, nachdem ich das herausgefunden hatte, war, wie du dir sicherlich vorstellen kannst, bald klar, dass wir uns trennen mussten.«

»Dann sollten wir besser beide Desserts bestellen und einander probieren lassen. Aber welches von beiden hättest du gern?«

»Das ist mir egal«, sagte Chloe.

»Wirklich? Also wenn es dir egal ist, dann nehme ich ein Schokoladen-Dessert. Da kann ich einfach nicht widerstehen. Siehst du den Kuchen mit doppelter Schokolade auf der Karte? Ich glaube, den werde ich bestellen. Der sieht noch schokoladiger aus.«

»Das ist eine echte Sünde«, sagte Chloe, und biss sich mit einer Mischung aus Vorfreude und Scham auf die Lippe, »aber warum eigentlich nicht? Du hast vollkommen recht. Das Leben ist kurz und so weiter und so fort.«

16.

Schon hatte ich sie wieder betrogen. (Ich hörte bereits den Hahnenschrei, der diesmal aus der Küche kam.) Mein ganzes Leben lang war ich mehr oder weniger allergisch gegen Schokolade gewesen, doch wie konnte ich in solch einer Situation ehrlich zu meinen Vorlieben stehen, wo die Liebe zur Schokolade sich doch zweifelsfrei als ein essentielles Kriterium für die Chloe-Kompatibilität herausgestellt hatte.

17.

Dennoch war meine Lüge pervers, weil sie unter der falschen Annahme geschah, dass mein Geschmack und meine Gewohnheiten notwendigerweise weniger wichtig als Chloes waren und dass sie von jeder Abweichung meiner Vorlieben von den ihren verletzt sein könnte. Ich hätte auch eine bewegende Geschichte über mich und die Schokolade erfinden können (»Ich liebe sie mehr als alles andere, aber meine Ärzte haben mich gewarnt, ich müsse sofort sterben, wenn ich noch einmal einen Bissen davon esse. Nach dieser Nachricht war ich drei Jahre lang in Therapie.«), das hätte mir vielleicht sogar eine gewisse Sympathie eingebracht – aber das Risiko war mir einfach zu groß.

18.

Meine Lüge, so beschämend und unumgänglich sie auch war, machte mich auf einen Unterschied zwischen zwei Arten des Lügens aufmerksam: lügen, um etwas zu umgehen, und lügen, um geliebt zu werden. Die Lügen, die wir erzählen, um zu verführen, sind sehr verschieden von denen, zu denen wir sonst Zuflucht nehmen. Wenn ich die Polizei darüber belüge, wie schnell ich gefahren bin, dann tue ich das aus einem ziemlich einfachen Grund: um einer Strafe zu entgehen und nicht möglicherweise festgenommen zu werden. Doch das Lügen, damit man geliebt wird, geschieht aus der perversen Annahme heraus: Wenn ich nicht lüge, kann ich nicht geliebt werden. Gemäß dieser Überzeugung kann Verführung nur durch die völlige Aushöhlung meiner eigenen persönlichen (und daher möglicherweise divergierenden) Eigenschaften gelingen, weil mein wahres Selbst als minderwertig im Vergleich mit der Perfektion empfunden wird, die ich im anderen sehe.

19.

Ich hatte gelogen, doch würde mich Chloe deshalb lieben? Würde sie deshalb nach meiner Hand fassen und mir bedeuten, wir sollten das Dessert (obwohl das vielleicht zu viel verlangt war) überspringen und nach Hause fahren? Sicher nicht. Stattdessen drückte sie nur eine gewisse Enttäuschung über ihr Karamelldessert aus und spielte darauf an, wie wild ich ja auf die Schokolade gewesen war, womit sie mir ganz nebenbei zu verstehen gab, dass ein Schokophiler schließlich ein genauso großes Problem sein könnte wie ein Schokophobiker.

20.

Verführung ist eine Art Schauspielerei, bei der spontane Verhaltensweisen eingetauscht werden gegen solche, die an ein Publikum gerichtet sind. Aber so wie ein Schauspieler eine Idee davon haben muss, was das Publikum von ihm sehen will, so muss auch der Verführer eine Idee davon haben, was die Geliebte von ihm verlangt – daher ist das triftigste Argument gegen die Lüge, um geliebt zu werden, dass der Schauspieler und die Schauspielerin eben keine Ahnung haben, von was ihr Publikum gerührt sein kann. Dann bestünde die Rechtfertigung für die Verstellung einzig in der möglicherweise größeren Effektivität, verglichen mit der Spontanität. Doch angesichts der Komplexität von Chloes Charakter und meiner eigenen Zweifel hinsichtlich der Attraktivität eines rein mimetischen Verhaltens ihr gegenüber hätten meine Chancen, Chloe zu verführen, nicht merklich reduziert werden können, selbst wenn ich mich ehrlich und spontan verhalten hätte. Die fehlende Authentizität führte zu absurden Sprüngen von einer gespielten Eigenschaft oder Meinung zur nächsten.

21.

Häufig erreichen wir unsere Ziele eher durch Zufall als durch Planung. Das sind schlechte Neuigkeiten für jene Verführer, die mit dem Geist des Positivismus und Rationalismus geimpft sind. Glauben sie doch, dass die Gesetze, nach denen wir uns verlieben, erforscht werden können. Und so sind jene Verführer stets auf der Suche nach der passenden Liebesformel, mit der sie die Geliebte umgarnen können – ein bestimmtes Lächeln, eine gewisse Überzeugung oder einfach nur die Art, wie man die Gabel hält … Doch leider ist es eine Tatsache, dass es für jede/n zwar eine bestimmte Liebesformel geben mag, doch wenn wir sie während unserer Verführungsversuche tatsächlich anwenden, dann geschieht es eher aus Zufall. Denn was genau hatte Chloe getan, damit ich mich in sie verliebte? Meine Liebe für sie entfachte sich an der zauberhaften Art, mit der sie den Kellner um etwas mehr Butter bat, aber auch an unserem Gespräch über Heideggers *Sein und Zeit*.

22.

Liebesformeln sind gekennzeichnet durch extreme Idiosynkrasie, die scheinbar allen Regeln kausaler Logik widersprechen. Die Bemühungen, die Frauen unternommen haben, um mich zu verführen, waren selten der Grund gewesen, weshalb ich mich schließlich in sie verliebte. Ich reagiere oft auf bestimmte flüchtige Gesten, über die sich die Verführerin gar nicht genügend bewusst ist, um sie mir gegenüber als einen möglichen Vorzug zu inszenieren. Einmal verliebte ich mich in eine Frau, die einen zarten Flaum auf der Oberlippe hatte. Obwohl mich das normalerweise abgestoßen hätte, faszinierte er mich bei ihr aus mysteriösen Gründen, und mein eigensinniges

Begehren richtete sich sowohl darauf wie auf ihr warmes Lächeln, ihre langen blonden Haare und die faszinierenden Gespräche, die wir führten. Als ich meinen Freunden von dieser seltsamen Anziehungskraft erzählte, versuchte ich es an einer undefinierbaren »Aura« festzumachen, die sie besitze – dennoch konnte ich mich vor der Tatsache nicht verstecken, dass ich mich in eine haarige Oberlippe verliebt hatte. Als ich die Frau einige Zeit später wiedertraf – jemand musste auf die Idee gekommen sein, ihre eine Laserbehandlung vorzuschlagen, denn der Flaum war weg – war auch bald mein Verlangen nach ihr (trotz ihrer vielen guten Eigenschaften) ebenso verschwunden.

23.

Die Euston Road war immer noch verstopft vom nächtlichen Verkehr, als wir uns auf den Heimweg in Richtung Islington machten. Wir hatten schon im Vorfeld verabredet, lange bevor solche Fragen eine unterschwellige Bedeutung annehmen, dass ich Chloe nach Hause bringen würde. Dennoch hing das Dilemma des Verführers (küssen oder nicht küssen) im Raum. Ab einem gewissen Punkt des Spiels muss der Schauspieler etwas riskieren, auch wenn er das Publikum dabei verliert. Das verführende Selbst mag versuchen, sich durch mimetisches Verhalten einzuschmeicheln, doch irgendwann kommt dieses Spiel unweigerlich an einen Punkt, an dem einer der beiden Partner die Situation zuspitzen muss, sogar auf die Gefahr, die Geliebte dadurch zu verprellen. Ein Kuss würde alles verändern. Die Berührung von Haut auf Haut würde unsere Positionen unwiderruflich ändern, sie würde die Sprache der kodierten Botschaften aufgeben und den Subtext hervortreten lassen. Dennoch beschloss ich, während wir uns der Tür des Hauses 23a auf der Liverpool Road näherten und die Möglichkeit, die Zeichen falsch gedeutet zu haben, über mir schwebte, dass der Moment noch nicht gekommen sei, um nach der metaphorischen Tasse Kaffee zu fragen.

24.

Aber nach dem angespannten und an Schokolade reichen Essen hatte mein Bauch plötzlich ein ganz eigenes Verhalten entwickelt, und ich war gezwungen zu fragen, ob ich mit nach oben kommen dürfte. Ich folgte Chloe die Treppe hinauf, durchs Wohnzimmer, und sie zeigte mir den Weg ins Badezimmer. Als ich einige Minuten später wieder hervorkam, hatten sich meine Absichten nicht geändert, also griff ich nach meinem Mantel und sagte meiner Angebeteten mit der Autorität eines Mannes, der beschlossen hatte, dass Zurückhaltung nun das Beste sei und dass Phantasien, die sich über Wochen gebildet hatten, zumindest heute Phantasien bleiben sollten, ich hätte einen wunderbaren Abend verbracht und hoffte, sie bald wiederzusehen, und dass ich sie nach den Weihnachtsferien anrufen würde. Zufrieden mit diesem überaus erwachsenen Entschluss, küsste ich sie auf die Wangen, wünschte ihr eine gute Nacht und drehte mich, um die Wohnung zu verlassen.

25.

Es war mein Glück, dass sich Chloe nicht so einfach überzeugen ließ und meine Flucht durch einen Griff nach meinem Schal stoppte. Sie zog mich zurück ins Apartment, legte beide Arme um mich und schaute mir mit einem Lächeln in die Augen, das sie zuvor nur der Schokolade geschenkt hatte. Dann flüsterte sie: »Weißt du denn nicht, dass wir keine Kinder mehr sind?«

26.

Und mit diesen Worten drückte sie ihre Lippen auf meine, und damit begann der längste und schönste Kuss, den die Menschheit je gesehen hat.

Über Arbeit und Glück

Der bemerkenswerteste Aspekt der modernen Arbeitswelt hat nichts mit Computern, Automatisierung und der Globalisierung zu tun. Der bemerkenswerteste Aspekt der modernen Arbeitswelt ist der weitverbreitete Glaube, dass die Arbeit uns glücklich machen soll. Für alle Kulturen ist die Arbeit ein zentrales Thema, doch unsere ist die erste, die annimmt, dass Arbeit etwas anderes als Bestrafung und Sühne sein kann. Wir sind die Ersten, die meinen, ein geistig gesunder Mensch würde aus freien Stücken arbeiten, sogar wenn er oder sie keinem finanziellen Druck ausgesetzt ist. Ebenfalls einzigartig sind wir darin, dass wir die Wahl unseres Arbeitsplatzes darüber entscheiden lassen, wie wir wahrgenommen werden, so dass die erste Frage, die wir einer neuen Bekanntschaft stellen, nicht nach deren Herkunft oder Elternhaus ist, sondern nach ihrer Beschäftigung – als könnte nur diese Antwort uns wirklich bedeuten, was dem menschlichen Leben seine besondere Stimmung gibt.

Aber das war nicht immer so. Die griechisch-römischen Kulturen sahen in der Arbeit eine Bürde, die man lieber Sklaven auferlegte. Sowohl für Platon wie auch für Aristoteles konnte private Erfüllung nur erreicht werden, wenn man über ein Vermögen verfügte, das einen in die komfortable Situation versetzte, den alltäglichen Verpflichtungen zu entkommen und sich in der so gewonnenen Zeit der Kontemplation ethischen und moralischen Fragen zu widmen. Der Geschäftsmann und der Händler spielten in den antiken Visionen eines guten Lebens keine Rolle. Das frühe Christentum hatte eine ähnlich niederschmetternde Meinung von der Arbeit. Für es war die Arbeit nicht nur ein notwendiges Übel, sondern, noch düsterer, eine Plage, die über den Menschen verhängt wurde, um ihn für die Sünde Adams büßen zu lassen. Die Arbeitsbedingungen, egal wie unmenschlich und brutal sie auch waren, durften daher gar nicht groß verbessert werden. Denn das Arbeitsleben war nicht aus bloßem Zufall so elend. Elend war der tragende Pfeiler, auf dem das irdische Leben unwiderruflich ruhte. Der heilige Augustinus ermahnte in *Der Gottesstaat* die Sklaven, ihren Herren zu gehorchen und ihre Qualen zu akzeptieren als Teil jener »jämmerlichen Lage des Menschen auf Erden«.

Die ersten Hinweise auf eine moderne, freudvollere Sicht auf die Arbeit können wir im Italien der Renaissancezeit ausmachen; genauer: in den Bio-

graphien der Künstler dieser Epoche. In den Lebens-
beschreibungen von Männern wie Michelangelo und
Leonardo finden wir eine uns vertraut klingende Vorstellung davon, was die Arbeit idealiter für uns bedeuten könnte: Sie ist ein Weg, um zu Ruhm und dem
wahren Selbst zu gelangen. Anstatt eine Bürde oder
Bestrafung zu sein, könnte die künstlerische Arbeit
uns erlauben, uns über die alltäglichen Beschränkun-
gen hinwegzuheben. Auf der Seite eines Buches oder
einer Leinwand können wir unserem Talent Ausdruck verleihen, wie es uns im Alltag niemals möglich
wäre. Selbstverständlich betraf diese neue Sichtweise
der Arbeit nur eine kleine Elite von Künstlern (auch
damals wäre niemand auf die Idee gekommen, einem
Bediensteten einreden zu wollen, er könne sein wahres Selbst in der Arbeit finden: Auf diesen Kniff sollte
erst die Management-Theorie unserer Tage verfallen),
doch sie wurde zur Grundlage aller darauffolgenden
Theorien der Erlangung des Glücks durch Arbeit.

Erst im späten 18. Jahrhundert wurde dieses Modell
über den engen Kreis der Künstler hinaus erweitert.
In den Werken bürgerlicher Denker wie Benjamin
Franklin, Diderot und Rousseau wird die Arbeit neu
gedacht. Sie ist nicht mehr nur Mittel zum Geld-
erwerb, sondern ein Mittel, um »ich selbst« zu werden. Dieser Versuch einer Aussöhnung zwischen Notwendigkeit und Glück ist typisch für die bürgerliche
Einstellung der damaligen Zeit, wie wir sie zum Bei-

spiel auch in der Neubewertung der Ehe beobachten können. Genauso wie die Ehe umgedeutet wurde zu einer Institution, die sowohl praktische Vorteile wie auch sexuelle und emotionale Erfüllung bringen kann (eine sehr vorteilhafte Verknüpfung und völlig undenkbar für die Aristokratie, für die man neben einer Ehefrau immer auch eine Mätresse haben musste), so wurde nun der Arbeit die Fähigkeit zugesprochen, einerseits das notwendige Geld fürs Überleben zu generieren und darüber hinaus auch eine Möglichkeit zum freien Ausdruck des Selbst zu bieten, die zuvor einer exklusiven Klasse von Müßiggängern vorbehalten war.

Gleichzeitig fingen die Leute an, aus ihrer Arbeit ein neues Maß von Stolz zu schöpfen. In seiner Autobiographie erklärt Thomas Jefferson, seine größte Errungenschaft liege darin, in den Vereinigten Staaten eine Meritokratie eingeführt zu haben, in der eine »neue Aristokratie der verdienstvollen und talentierten« Menschen die alte Aristokratie, welche von ungerechten Privilegien und, allzu oft, schlichter Dummheit gezeichnet war, abgelöst habe. Da nun die prestigereichen und gutbezahlten Positionen gleichsam nur aufgrund tatsächlich vorhandener Intelligenz und Fähigkeiten vergeben wurden, konnte man anhand des Berufs Rückschlüsse auf die Person selbst ziehen. Dass die beruflichen Meriten völlig unabhängig von persönlichen Qualitäten vergeben wurden oder dass die Reichen und Mächtigen nur durch korrupte Mittel zu ihrem Wohlstand gelangt seien, war nun kein valides Argument mehr.

Dementsprechend änderten im Verlauf des 19. Jahrhunderts viele christliche Denker, besonders in den Vereinigten Staaten, ihre Position gegenüber dem Wohlstand. Viele protestantische Glaubensgemeinschaften in Amerika vertraten nun die Ansicht, Gott erwarte von seinen Gläubigen, dass sie ein sowohl in weltlicher wie auch spiritueller Sicht erfolgreiches Leben führten, denn das weltliche Auskommen galt ihnen als Zeichen dafür, dass man auch in der nächsten Welt einen guten Platz verdient habe. Diese Einstellung wird exemplarisch in dem Bestseller *Das Buch des Wohlstands*, »in welchem der Beweis aus der Bibel erbracht wird, dass es des Menschen Pflicht sei, reich zu werden«, vertreten, den der Reverend Thomas P. Hunt 1836 veröffentlichte. Zunehmend wurde Wohlstand als eine Gnade für eine gottgefällige Lebensweise interpretiert. Und so hatte John D. Rockefeller später auch keine Skrupel zu verkünden, es sei der Herr selbst gewesen, der ihm zu seinem Wohlstand verholfen habe, während William Lawrence, der Bischof der Episkopalkirche von Massachusetts, 1892 die Ansicht vertrat: »Auf lange Sicht kann nur ein Mann von ausgesuchter Moral Wohlstand erlangen. Zwar sehen wir, wie der Psalmist sagt, auch zuweilen die Schlechten zu Wohlstand gelangen, doch dies geschieht nur selten. Denn Reichtum ist eine untrüglicher Beweis für Gottgefälligkeit.«

In der Ära der Meritokratie werden die erniedrigenden Jobs nicht nur als ein bedauerliches Übel gesehen, sondern sie werden, genau wie ihr aufregenderes Gegenstück, als *verdient* empfunden. Deshalb kann es uns nicht verwundern, wenn die Leute plötzlich einander nach dem Beruf zu fragen begannen – und dabei sehr genau auf die Antwort achteten.

Daher müssen wir, obwohl dieser Wandel im Großen und Ganzen ein Grund zur Freude ist, ebenso festhalten, dass die moderne Einstellung gegenüber der Arbeit uns auch ungewollte Probleme beschert hat – durch übermäßige Ambitionen und zu großen Optimismus. Heute werden Ansprüche an alle möglichen Ausprägungen der Arbeitswelt gestellt, die an der Realität komplett vorbeigehen. Gewiss gibt es Jobs, die als erfüllend wahrgenommen werden können, aber die meisten sind es nicht und werden es auch nie sein. Deshalb wäre es weise, auf einige der eher pessimistischen Stimmen aus der vormodernen Epoche zu hören, und sei es nur, um uns davon abzuhalten, uns selbst damit zu quälen, dass wir in unserem Job nicht so glücklich sind, wie wir es angeblich sein sollten.

William James hat einmal eine sehr interessante Beobachtung über das Verhältnis von Glück und Erwartung gemacht. Seiner Ansicht nach müssen wir nicht in jedem Feld unserer täglichen Anstrengungen erfolgreich sein, um glücklich zu werden. Nicht der Fehlschlag an sich birgt die Demütigung. Wir fühlen uns nur dann erniedrigt, wenn wir zuvor all unseren Stolz und unsere Selbstachtung an der Erreichung eines Zieles festgemacht haben und dann dabei scheitern. Unsere Zielsetzung entscheidet darüber, was wir als Triumph oder Fehlschlag bewerten:

Ohne Versuch gibt es keinen Fehlschlag und ohne Fehlschlag keine Erniedrigung. Folglich hängt unsere Selbstachtung gänzlich davon ab, was wir uns selbst abverlangen und wer wir sein wollen. Sie ist bestimmt durch das Verhältnis des tatsächlichen Sachverhalts zu unserem unterstellten Potential. Daher gilt:

$$\text{Selbstachtung} = \frac{\text{Erfolg}}{\text{Anspruch}}$$

Wenn das Glück am Arbeitsplatz für uns heute so schwer zu erreichen ist, dann liegt das auch daran, weil unser Anspruch an uns selbst zu weit von der Realität entfernt ist. Wir erhoffen uns von jeder Art von Beschäftigung, sie könnte uns etwas von dem Glück versprechen, das vielleicht Freud und Roosevelt bei der Arbeit gefühlt haben. Um dem zu begegnen, sollten wir vielleicht wieder mehr Marx lesen. Natürlich waren seine Vorhersagen über eine bessere Welt allesamt falsch, aber seine Diagnose über die

Arbeitswelt sind auch heute noch im Großen und Ganzen zutreffend. In seiner *Grundlegung zur Metaphysik der Sitten* (1785) schreibt Immanuel Kant, dass eine moralische Haltung gegenüber anderen Personen von mir verlangt, dass ich sie »um ihrer selbst willen« respektiere, anstatt in ihnen nur ein »Mittel« für die eigenen Zwecke zu sehen. In seinem *Manifest der kommunistischen Partei* bezieht sich Marx bekanntermaßen auf diese Einsicht von Kant, wenn er der Bourgeoisie und der neuen Wissenschaft der Ökonomie vorwirft, in höchstem Maße unmoralisch zu sein: »(Die Ökonomie) kennt den Arbeiter nur als ein arbeitendes Tier – als ein auf seinen nackten Leib reduziertes Wesen.« Der Lohn, der den Arbeitern gezahlt werde, sei, so Marx, »wie das Schmieröl, das die Räder am Laufen halten soll. Der wahre Zweck der Arbeit liegt nicht mehr im Menschen selbst, sondern im Geld.« Marx hat sich als schlechter Historiker erwiesen, als er die vorindustrielle Vergangenheit idealisierte und die Bourgeoisie so in Bausch und Bogen verdammte, aber seine Theorien haben insofern noch Gewicht, als sie einen unhintergehbaren Konflikt zwischen Arbeiter und Arbeitgeber artikulieren. Jedes kommerzielle Unternehmen versucht, sich Rohstoffe, Arbeitskraft und Maschinen zum kleinstmöglichen Preis zu verschaffen und sie in einem Produkt zusammenzufügen, das sich für den höchstmöglichen Preis verkaufen lässt. Aus ökonomischer Sicht besteht kein Unterschied zwischen den einzelnen Variabeln in dieser Gleichung. Sie alle sind Waren, die eine ökonomisch rational handelnde Organisation auf der Suche nach Profit möglichst billig einkaufen und effizient handhaben wird. Und dennoch gibt es, und das muss uns bedenklich stimmen, einen großen Unterschied zwischen der »Arbeitskraft« und den anderen Elementen, den die vorherrschende ökonomische Theorie nicht ausreichend darstellen oder gewichten kann, welcher aber äußerst wichtig ist: die Tatsache, dass ein Arbeiter Schmerz und Freude verspüren kann. Wenn die Fertigung am Fließband immer teurer wird, kann sie ohne Probleme eingestellt werden. Das Fließband wird nicht über die offenkundige Ungerechtigkeit seines Schicksals lamentieren. Ein Unternehmen kann von Kohle auf Erdgas umsteigen, ohne dass die aufgegebene Energiequelle eine Klippe runterstürzt. Aber die Ware Arbeiter hat die Angewohnheit, dem Versuch, seinen Preis oder seine Präsenz zu reduzieren, mit Emotionen zu begegnen. Er weint heimlich in den Kabinen auf der Toilette oder trinkt zu viel, um die Angst zu vertreiben, er könnte als Minderleistung gesehen werden. Er kann sogar in manchen Fällen den Tod der Redundanz vorziehen.

Diese emotionalen Antworten weisen uns auf zwei einander widersprechende Imperative hin, die am Arbeitsplatz koexistieren: einen ökonomischer Imperativ, der die Profitmaximierung als Hauptzweck eines

Unternehmens vorschreibt, und einen menschlichen Imperativ, der die Arbeitnehmer nach finanzieller Sicherheit, Respekt, Festanstellung und sogar einem guten Tag und Spaß bei der Arbeit streben lässt. Obwohl diese beiden Imperative für eine gewisse Zeit ohne größere Reibereien nebeneinander existieren können, so bleibt doch das Bewusstsein, dass, wenn es hart auf hart kommt, ökonomische Imperative sich in der Logik des kapitalistischen Systems immer durchsetzen werden, als eine angsterfüllte Möglichkeit, immer im Hinterkopf des lohnabhängigen Arbeiters. Der Kampf zwischen Arbeit und Kapital mag vielleicht, zumindest in der entwickelten Welt, nicht mehr so brutal sein wie zu Marx' Zeiten. Dennoch bleiben die Arbeiter, trotz aller Fortschritte hinsichtlich der Arbeitsbedingungen, im Kern ein Werkzeug in einem Prozess, bei dem ihr persönliches Glück oder ihre ökonomische Absicherung notwendigerweise nur ein Nebenprodukt sind. Unabhängig von der Kameradschaft, die sich zwischen Arbeitgeber und Arbeitnehmer ausgebildet haben kann, und unabhängig von dem guten Willen, den ein Arbeiter an den Tag legt, unabhängig von der Anzahl der Jahre, die er schon in der Firma ist, müssen die Arbeiter trotzdem mit dem Wissen und der schwelenden Sorge leben, dass es keine Garantien für sie geben kann – dass ihr Status nicht nur von ihrer eigenen Leistung, sondern auch von der allgemeinen ökonomischen

Situation des Unternehmens abhängt – und dass sie folgerichtig ein Mittel zur Erlangung von Profit sind, und niemals – selbst wenn sie es noch so sehr wünschen – ein Zweck in sich.

Diese Einsicht ist traurig, aber nicht halb so schlimm, wie sie es wäre, wenn wir unsere Augen vor der Realität verschlössen und unsere Erwartungen an eine erfüllende Arbeit zu sehr stilisierten. Der ehrliche Glaube an ein gewisses notwendiges Maß an Bitterkeit im Leben war über Jahrhunderte ein Gemeingut der Menschheit, ein Bollwerk gegen die Verbitterung und ein Schutz gegen enttäuschte Hoffnungen – dennoch wird sie durch die von der modernen Welt geschürten Erwartungen auf perfide Weise ausgehebelt.

Vielleicht sollten wir die Traurigkeit, die uns gegen Ende der Ferien überfällt, ein wenig zügeln, indem wir uns daran erinnern, dass die Arbeit dann leichter erträglich wird, wenn wir nicht von ihr erwarten, sie möge uns für immer glücklich machen.

Über Zoobesuche

Die Leute schauen einen schief an, wenn man ohne Kinder in den Zoo geht. Eigentlich sollte man mindestens eine ganze Gruppe Kinder im Schlepptau haben, dazu ein paar Flecken geschmolzenes Eis als Beweisstück auf dem Hemd und vielleicht noch ein paar Ballons in der Hand. Seinen Nachmittag am Gehege eines Zwergotters oder eines Leopardengeckos zu verbringen scheint kein wirklich anerkannter Zeitvertreib für Erwachsene zu sein. Das alles beherrschende Gesprächsthema in London ist dieser Tage, ob man die neue Ingres-Ausstellung in der National Gallery schon gesehen hat, und nicht das neue Zwergnilpferd im Regent's Park Zoo.

Aber obwohl mein fünfjähriger Neffe in letzter Minute einen Rückzieher gemacht hatte (ihm war eingefallen, dass heute ja der Geburtstag seines besten Freundes war), beschloss ich trotzig, unseren Plan in die Tat umzusetzen, und ging allein in den Zoo. Mein erster Gedanke – nachdem ich mir ein Eis, aber keinen Ballon gekauft hatte – war, wie merkwürdig Tiere doch aussehen. Abgesehen von ein paar Katzen, Pferden und Hunden, habe ich schon seit Jahren kein echtes Tier mehr gesehen, womit diese außergewöhnlichen, dschungelbuchartigen Wesen gemeint sind. Zum Beispiel das Kamel: ein Hals in Form eines Us, zwei haarige Pyramiden, lange Wimpern, die wie mit Mascara zugekleistert aussehen, und dazu zwei Reihen gelber Hasenzähne. Ein Führer liefert zusätzlich erstaunliche Fakten: Kamele können zehn Tage lang ohne etwas zu trinken auskommen, ihre Höcker sind nicht mit Wasser, sondern mit Fett gefüllt, die großen Wimpern sollen die Augen vor dem Sand schützen, und ihre Nieren und Lebern entziehen der Nahrung auch noch das letzte bisschen Flüssigkeit, weshalb ihr Dung vollkommen trocken und fest ist. Der Führer schloss mit der Bemerkung, dass das Kamel eines der am besten an seine Umwelt angepassten Tiere überhaupt ist – woraufhin ich eine kindische Aufwallung von Neid aufgrund der schmerzhaft inadäquaten menschlichen Niere und Leber und des vollkommenen Fehlens von Höckern, die unser Verlangen nach einem Snack zwischen den Mahlzeiten beheben würden, fühlte.

Wenn Tiere ein so eigentümliches Äußeres haben, schreibt Darwin, dann ist das ein eindeutiger Beweis für die erfolgte Anpassung an ihre natürliche Umgebung. Niemand im Regent's Park Zoo würde diese Einschätzung bestreiten. Der Lippenbär aus Sri Lanka verfügt über eine sehr bewegliche Lippe, dafür fehlen ihm die zwei oberen Schneidezähne, damit er Ameisen und Termiten besser aus ihrem Nest saugen kann. Diese Anpassung führt zu einer sehr speziellen Gesichtsform, die auszubilden sich wohl niemand, der sein Fressen gewöhnlich aus einem Deli bezieht, trauen würde. Während ich mein Eis aufaß und ein teerfarbenes Zwergnilpferd betrachtete, das sich im Schlamm wälzte, beschlichen mich erste melancholische Gedanken. Das Wort »Dinosaurier« kam mir in den Sinn. Nicht dass das Hippo einem Dinosaurier irgendwie ähnlich sähe, aber es evozierte diesen Begriff als Beschreibung für eine auf fatale Weise langsame Adaption an sich verändernde Umstände. Es gibt nur noch wenige Zwergnilpferde auf der Welt, und man konnte erahnen, dass die Zukunft in ihrem natürlichen afrikanischen Habitat eher geschmeidigeren, wohlgefälligeren und gazellenartigen Tieren gehören würde.

Ein Besuch im Zoo bestätigt die alte Weisheit, dass es nichts gibt, was es nicht gibt. Jede dieser Kreaturen ist auf eine bestimmte Situation wunderbar eingestellt, jedoch hoffnungslos verloren, sobald sich die Umstände ändern. Der Pfeilschwanzkrebs wird es wohl niemals auf die Titelseite der *Vogue* schaffen (er sieht aus wie ein kleiner Militärhelm auf vier Beinen), und er wird auch ganz sicher niemals Gibbon lesen, aber er ist ein Star, wenn es darum geht, in der Tiefsee zu überleben und sich nicht von Haien fressen zu lassen. Dort führt er ein geruhsames Leben, trippelt nur manchmal ein paar Schritte auf dem Grund des Ozeans herum, um sich ein Weichtier zu schnappen.

Es fällt nicht schwer, sich mit Tieren zu identifizieren, wie man an dem beliebten Spiel *Wenn-du-ein-Tier-wärst-was-für-eines-wärst-du?* sehen kann (das wir leider allzu oft dem Spiel *Pictionary* vorziehen). Flaubert liebte dieses Spiel. In seinen Briefen verglich er sich mit einer Boa Constrictor (1841), mit einer Auster in ihrer Schale (1845) und mit einem Igel, der sich zum Schutz einrollt (1853, 1857). Ich sehe mich selbst eher als malaysischen Tapir, vielleicht auch als Baby-Okapi, als Lama oder auch (besonders an Sonntagen) als Schildkröte.

Ein Zoo kann beunruhigend sein, weil er gleichzeitig die Tiere vermenschlicht und die Menschen vertiert. »Die Affen sind die nächsten Verwandten des Menschen«, informiert mich ein Schild am Orang-Utan-Gehege: »Wie viele Gemeinsamkeiten kannst du erkennen?« Natürlich viel zu viele. Wenn man ihn rasiert, ihn in ein T-Shirt und eine Jogginghose steckt, dann könnte der Affe dort hinten, der sich gerade die Nase kratzt, glatt mein Cousin Jo sein, mit dem feinen Unterschied, dass der in einer Eigentumswohnung in Belsize Park haust und in den Sommerferien für zwei Wochen mit den Kindern nach Dorset gefahren ist. Im Mai 1842 stattete Königin Victoria dem Regent's Park Zoo einen Besuch ab und schrieb danach in ihr Tagebuch folgenden Eintrag über den gerade aus Kalkutta neueingetroffenen Orang-Utan: »Es ist fabelhaft, wie er sich selbst den Tee zubereitet und schlürft, aber dabei wirkt er auf schmerzhafte und höchst störende Weise menschlich.« (Während ich das lese, stelle ich mir vor, gefangen und in einen Käfig gesperrt zu werden, der wie ein Zimmer in einem Holiday Inn aussieht. Meine drei täglichen Mahlzeiten werden mir durch eine Klappe hingeschoben. Den ganzen Tag lang habe ich nichts zu tun außer fernzusehen, während ein Haufen Giraffen mich durch das Glas beäugt, sich über mich lustig macht, Eis schleckt und sich darüber wundert, was für einen kurzen Hals ich doch habe.)

Wie nicht anders zu erwarten, verließ ich den Zoo mit einem neuen Desmond-Morris-Fernglas. Wenn ich nun Sarah anrufe, um sie zum Essen auszuführen, kann ich das dann noch in aller Unschuld tun? Oder ist diese Einladung nicht einfach Teil eines Balzrituals der menschlichen Spezies? Dann wäre der Unterschied zwischen meinem Vorhaben und dem eines Lamas, das in lauen Aprilnächten seine merkwürdigen Pfiffe ausstößt, letztlich gar nicht mehr sehr groß.

Andererseits kann es heilsam sein, seine eigenen Possen einmal aus dieser Warte zu betrachten, als komplexe Manifestation von letztlich basalen tierischen Bedürfnissen: Essen, ein trockenes Plätzchen und die Sorge um das genetische Erbe. Vielleicht kaufe ich mir doch gleich eine Jahreskarte für den Regent's Park Zoo.

Über einsame Männer

Niemand ist so romantisch wie derjenige, der niemanden hat, mit dem er romantisch werden könnte. Erst wenn wir den tiefsten Punkt der Einsamkeit erreicht haben und es keine Ablenkung durch Arbeit oder Freunde gibt, gelangen wir an den Grund, von wo aus wir die Natur und Notwendigkeit der Liebe wahrhaft verstehen lernen. Erst nach einem einsam verbrachten Wochenende, in dem das Telefon nicht ein einziges Mal geklingelt hat, in dem jede Mahlzeit aus einer Konserve kam und nur in Anwesenheit der rauen Stimme eines BBC-Sprechers, der uns mit tiefem Bass die Balzrituale der kenianischen Antilopen erklärt, können wir wirklich nachfühlen, was Platon meinte, als er in seinem *Symposium* (416, B) erklärte, dass ein Mann ohne die Liebe sich wie ein in zwei Hälften geschnittenes Wesen fühlen muss.

Die Tagträume, die in solcher Isolation entstehen, sind nicht gerade sehr erwachsen, insofern man mit dem Wort »erwachsen« ein gewisses Bewusstsein über den eigenen Hang zur Idealisierung und zum romantischen Exzess verbindet. In einem Zug nach Edinburgh habe ich den Sitzplatz gegenüber einer jungen Frau ergattert, die in etwas liest, das ganz wie ein Firmenreport aussieht und dabei Apfelsaft aus der Tüte trinkt. Während unser Zug nach Norden ruckelt, täusche ich ein brennendes Interesse für die Landschaft vor (verdorrte Felder, Industrieruinen) und stehle mir ein paar Seitenblicke auf diesen Engel. Kurzes braunes Haar, helle Haut, blaugraue Augen und ein paar Sommersprossen auf der Nase, ein gestreiftes Segler-Oberteil mit einem kleinen Fleck von den Makkaroni vom Mittagessen. Hinter Manchester legt meine Julia den Report beiseite und nimmt sich ein Kochbuch vor. Die Küche des Nahen Ostens. Konzentration auf ihren Brauen. Gefüllte Auberginen. Falafel auch, Taboulet und etwas, das wie Guruko aussieht und mit viel Spinat gekocht wird. Notizen in einer geschwungenen, konzentrierten Handschrift.

Wie wenig es braucht, um sich zu verlieben. Oder zumindest um in jenes Stadium des übermäßigen Enthusiasmus für eine Person zu verfallen, den man Liebe nennen könnte, aber genauso gut auch Schwärmerei, Tollheit oder Illusion – je nach Temperament. Als der Zug Newcastle durchfahren hat, habe ich schon die Heiratspläne durchgespielt: ein Haus in einer Straße mit lauter Kirschbäumen, Sonntagnachmittage, an denen sie ihren Kopf an meine Schulter lehnen wird und ich mit meiner Hand durch ihr kas-

67

tanienfarbenes Haar streiche, während wir in aller Ruhe das fernöstliche Dingsbums verdauen, das sie gekocht hat, und endlich werde ich fühlen, für immer und unendlich dankbar, dass ich einen Platz in dieser Welt habe.

Solche Begegnungen kennzeichnen das Leben eines einsamen Mannes. Sie ergeben sich ohne Vorwarnung, wenn wir im Zug nach Edinburgh einen kurzen Blick auf ein schönes Gesicht werfen, wenn wir in der Schlange für das Mittagessen stehen oder im Gewühl eines Flughafens. Das ist zwar etwas pathetisch, aber später wichtig für die Paarbeziehung. Die Frauen sollten der Verzweiflung einsamer Männer dankbar sein, denn sie ist die Basis für ihre zukünftige Loyalität und Selbstlosigkeit. Auch das ist ein weiterer Grund, warum die Frauen einem in romantischer Hinsicht erfolgreichen Typen mit Vorsicht begegnen sollten, den sein Charme nie in die tragikomische Lage versetzt hat, sich tagelang nach einer Frau zu sehnen, die er sich nicht getraute anzusprechen, und die deshalb an der nächsten Station ausstieg, wobei sie eine leere Apfelsafttüte und unsere Hochzeitspläne zurückließ.

Über den Charme der Langeweile

1.

Das wohl größte Kompliment, das man meiner Heimatstadt Zürich aussprechen kann, ist, sie als eine der bürgerlichsten Städte der Welt zu bezeichnen. Das mag auf den ersten Blick nicht wie ein echtes Kompliment erscheinen, galt doch der Begriff »bürgerlich« – oder »bourgeois« – bei den Spätromantikern des frühen 19. Jahrhundert als eindeutiges Schimpfwort. »Mit dem Hass auf den Bourgeois beginnt die Weisheit«, meinte schon Flaubert. Eine typische Bemerkung für einen französischen Autor um die Mitte des 19. Jahrhunderts, für den diese Abneigung genauso zum Selbstverständnis gehörte, wie eine Affäre mit einer Schauspielerin zu unterhalten oder eine Reise in den exotischen Orient zu unternehmen. Innerhalb des romantischen Wertesystems, das bis heute die westliche Vorstellung bestimmt, ist der Begriff Bürgerlichkeit quasi synonym zu setzen mit einer obsessiven Fixierung auf die Arbeit, ein geregeltes Einkommen, Sicherheit, traditionelle Werte, Reinlichkeit, Familie, Verantwortung, und dazu kommen eine gewisse Prüderie und die Vorliebe für erquickende Spaziergänge im Park. Daher ist es nicht weiter verwunderlich, dass es in der westlichen Welt der letzten zweihundert Jahre wohl kaum einen weniger hippen Ort als das zutiefst bürgerliche Zürich gab.

2.

Insbesondere hübsche Mädchen können, wenn sie nicht zufällig selbst in der Schweiz geboren wurden, mit Zürich nichts anfangen. Ein solches Mädchen würde L. A. oder Sydney vorziehen. Und sogar wenn es zufällig auf der Suche nach einem eher protestantisch geprägten und heimeligen Ort sein sollte, würde es sich wohl eher für Antwerpen oder Kopenhagen entscheiden.

Ich habe lange Zeit versucht, hübsche Mädchen für Zürich zu begeistern, weil ich immer angenommen habe, dass ein Mädchen, das Zürich schätzt, vielleicht auch einige wesentliche Seiten meines Charakters mögen könnte. Aber schon der Versuch ist ein sehr schwieriges Unterfangen. Und das weckt meine Erinnerungen an Sascha. Eine Künstlerin, betörend und kompliziert. Wir lieferten uns gerne heftige Wortgefechte, meistens mitten in der Nacht. Oft sahen diese Dialoge etwa so aus:

Sie: Du magst intelligente Frauen nicht, deshalb musst du mir immer widersprechen.

Ich: Ich mag intelligente Frauen sehr wohl, aber leider bist du keine.

Keiner von uns beiden kam in diesen Situationen wirklich gut weg. Zumindest waren diese Streits eine wertvolle Lektion (als hätten wir eine solche wirklich noch gebraucht) darin, dass sich zwischen Liebenden oft Grobheiten abspielen, die ansonsten und außerhalb dieses ausgewiesenen Kriegsgebietes undenkbar wären.

Einmal flogen Sascha und ich übers Wochenende nach Zürich. Ich versuchte, ihr zu verdeutlichen, wie exotisch Zürich doch ist. Die Züricher Tram ist exotisch, genauso wie der Migros-Supermarkt, der zartgraue Zement der Apartmentblocks, die breiten, massiven Fensterfronten und das Kalbsschnitzel, alles sehr exotisch. Für gewöhnlich verbinden wir mit dem Wort »exotisch« eher Kamele und Pyramiden. Aber warum sollte man das Wort nicht einfach auf alles anwenden, das in irgendeiner Weise anders und erstrebenswert ist. Das Exotischste an dieser Stadt ist definitiv, wie wunderbar langweilig alles ist. Hier wird niemand von fehlgeleiteten Kugeln getroffen, auf den Straßen herrscht Ruhe, alles ist sehr ordentlich, und der Bürgersteig ist, genau wie in dem Sprichwort, so sauber, dass man davon essen könnte (obwohl ich noch niemanden gesehen habe, der es tatsächlich versucht hätte).

Aber Sascha war gelangweilt. Sie wollte wieder zurück in ihren beliebten Londoner Bezirk Hackney. Sie konnte die Reinlichkeit Zürichs nicht ausstehen. Während eines Spaziergangs im Park gestand sie mir, dass sie am liebsten ein deftiges Graffiti auf irgendeine Hauswand sprayen würde, einfach nur um ein bisschen für Aufruhr zu sorgen. Sie ließ dann sogar einen kleinen Schrei los, so dass eine ältere Dame kurz von ihrer Zeitung aufschaute. Saschas Langeweile erinnerte mich an meinen alten Freund Gustave Flaubert, der in Rouen aufgewachsen war. Ein Ort, der Zürich in vielem ähnelt, abzüglich des Sees natürlich. »Ich langweile mich, ich langweile mich, ich langweile mich«, schrieb der junge Flaubert in sein Tagebuch. Immer wieder lässt er sich darin darüber aus, wie langweilig das Leben in Frankreich und ganz besonders in Rouen sei. »Heute war es wieder fürchterlich langweilig«, notiert er an einem tristen Sonntagabend. »Wie schön es doch in der Provinz ist und wie mondän die Leute wirken. Sie sprechen über Steuern und die Ausbesserung der Straßen. Der Nachbar, was für eine wundervolle Institution! Um der sozialen Bedeutung voll und ganz gerecht zu werden, sollte man dafür nur noch Großbuchstaben verwenden: der NACHBAR.« Sascha war sogar von Flaubert gelangweilt (sie hatte es mit der *Erziehung des Herzens* versucht, doch die Lektüre nach der Hälfte abgebrochen), aber zumindest waren sie und Flaubert sich darin einig, wie langweilig es ist, an einem langweiligen Ort zu leben.

Dennoch gilt der alte Satz, den unsere Mütter uns gegen Ende der Schulferien immer eingetrichtert haben: Leute, denen schnell langweilig wird, sind oft selbst die größten Langweiler. Ich begann meine Geduld mit Sascha und ihrer Langeweile zu verlieren. Ich sehnte mich nach jemandem mit einem Innenleben, das so interessant war, dass die Frage, wie interessant die Stadt um einen herum ist, in den Hintergrund rücken würde; eine Frau, deren tiefe Leidenschaftlichkeit die Überlegung überdeckte, ob ihre Stadt nun als »hip« galt oder nicht; jemanden, der mit der düsteren, tragischen Seite der menschlichen Existenz vertraut genug war, um die Stille eines Wochenendes in Zürich schätzen zu können. Sascha und ich waren die längste Zeit ein Paar gewesen.

3.

Aber meine Begeisterung für Zürich blieb bestehen. Was mich an Zürich am meisten faszinierte, war, was es bedeutete, hier ein »durchschnittliches« Leben zu führen. In London ist der Wunsch nach einem ganz und gar durchschnittlichen Leben in der Regel nicht sehr erstrebenswert: »Durchschnittliche« Krankenhäuser, Schulen, Wohngebiete oder Restaurants sind hier fast immer ziemlich minderwertig. Natürlich gibt es auch genügend Gegenbeispiele, aber diese sind den sehr Wohlhabenden vorbehalten. London ist keine bürgerliche Stadt. Es ist eine Stadt der Armen und Reichen.

In der modernen säkularen Gesellschaft ist keine Angst so verbreitet wie die, man könne »wie jeder andere sein«. Innerhalb dieser Denktradition ist das Wie-jeder-andere-Sein eine Kategorie, die den Mittelmäßigen und Konformisten, den Vorortbewohnern und Langweilern vorbehalten ist. Dementsprechend müsste es das Ziel eines jeden Menschen sein, solange er noch bei klarem Verstand ist, sich auf irgendeine Weise auszuzeichnen und durch ein Talent aus der Menge »herauszustechen«. Aber der Wunsch, anders zu sein, hängt letztlich eng damit zusammen, was es an einem bestimmten Ort bedeutet, zum Durchschnitt zu gehören. In manchen Ländern der Welt sind die zur Verfügung stehenden Wohnungen, Verkehrsmittel, Bildungseinrichtungen und das Gesundheitswesen auf einem so schlechten Stand, dass die Bürger sich schier zwangsläufig von der Masse zurückziehen, um sich nach Möglichkeit hinter hohen Mauern zu verschanzen. Das Verlangen nach einem hohen Status ist nirgendwo stärker ausgeprägt als dort, wo ein durchschnittliches Leben zu führen bedeutet, dass nicht einmal für die einfachsten menschlichen Bedürfnisse ausreichend gesorgt ist, es an würdevoller Behandlung und grundlegendem Komfort mangelt.

Es gibt aber auch Gesellschaften, meist solche mit einer ausgeprägten (oft protestantischen) christlichen Tradition, in denen die Gestaltung des öffentlichen Raumes so sehr von einem gewissen Respekt gegenüber den vorherrschenden Prinzipien und der Architektur geprägt ist, dass das Bedürfnis nach Rückzug in den privaten Raum weniger stark ausfällt. Vielleicht ist es für die Bürger leichter, ihr (überzogenes) Streben nach persönlichem Ruhm zurückzuschrauben, wenn die Stadt, in der sie leben, diesen in ihren öffentlichen Bereichen und Institutionen selbst erkennen lässt. Dann erscheint die Aussicht auf ein Durchschnittsleben mit einem Mal weniger schlimm. In der größten Stadt der Schweiz ist der für L. A. und London typische Drang, ein eigenes Auto zu besitzen, um nicht mit fremden Menschen den Bus oder die U-Bahn teilen zu müssen, dank des wunderbaren Züricher Verkehrsnetzes viel weniger groß: Die Züricher Bahn ist sauber, warm und vorbildlich hinsichtlich Pünktlichkeit und technischer Zuverlässigkeit. Welchen Grund könnte es geben, sich alleine in ein Auto zu setzen, wenn doch ein effizientes staatliches Straßenbahnsystem dafür sorgt, dass man für ein paar Franken durch die ganze Stadt gondeln kann? Und das auch noch auf einem Level an Komfort, um den Könige uns beneiden würden.

4.

Es ist etwas peinlich, eine Vorliebe für den holländischen Maler Pieter de Hooch zu hegen, ihn vielleicht so sehr zu schätzen, dass man ihn zu den persönlichen Lieblingsmalern aller Zeiten zählt. Von den einhundertsiebzig Werken, die de Hooch zugeschrieben werden, sind die meisten schlicht durchschnittlich, die frühen Arbeiten größtenteils derb, die der späteren Jahre manieriert. Er brachte Genrekunst hervor. Viele seiner Bilder sind zu hübsch und dennoch nicht schön genug, nicht so wie die Bilder von Raphael und Poussin. Verglichen mit einigen seiner Landsleute, fehlt de Hooch der Ideenreichtum eines Jan Steen, die Anmut eines Vermeer oder die Dichte eines van Ruisdael. Sein moralischer Unterton kann reaktionär wirken. Seine Bilder präsentieren Szenen der einfachsten menschlichen Verrichtungen: das Entlausen von Kindern oder das Ausfegen des Hofs. Er vermag es nicht einmal besonders gut, Gesichter zu malen. Wenn man genauer hinschaut, sieht man nicht mehr als bloße Schemen. Und dennoch liebe ich seine Werke, aus einem ähnlichen Grund, aus dem ich auch Zürich liebe. Weil er das bürgerliche Leben versteht und würdigt, ohne es unnötig zu stilisieren. Die Welt, die er zeigt, ist bei allen Unterschieden dem Zürich sehr ähnlich, in dem ich aufwuchs.

De Hooch wird oft in eine Linie mit der holländischen bildenden Kunst und Literatur gesetzt, die sich den Werten eines kleinbürgerlichen Lebens widmete. Obwohl de Hoochs Werke häusliche Tätigkeiten positiv in Szene setzen und ganz sicher nicht dazu verleiten, plötzlich eine Scheidung einreichen zu wollen oder die Küche verdreckt zu hinterlassen, ist es meiner Ansicht nach auch nicht gerecht, in ihm nur den verstockten Moralisten zu sehen, der häusliche Tugenden predigt. Er hält keinen langen Sermon darüber, wie wichtig es ist, seine Kinder zu lieben und das Haus sauber zu halten. Stattdessen zeigt er uns atmosphärische und bewegende Beispiele mütterlicher Liebe und aufgeräumter Stuben, deren einfacher Wahrheit wir schlichtweg nicht widersprechen können.

Darüber hinaus finden wir in seiner Kunst nicht einmal den Hauch jenes selbstgefälligen Tons, wie ihn die offenkundigen Propagandisten der Werte eines häuslichen Lebens oft anschlagen. Die einfachen Freuden des privaten Heimes werden als durchaus gefährdete Errungenschaften präsentiert. Wollte man ihn kritisieren, könnte man de Hooch vorwerfen, dass er in seinen Bildern nicht das Holland des 17. Jahrhunderts zeigte, so wie es wirklich war. Viele Frauen wurden damals von ihren Männern misshandelt, die meisten Häuser waren alles andere als sauber, auch sehr schlicht, kurzum, das hohe Maß an Blut und Schmutz und Schmerz dieser Zeit sparte de Hooch in seinen Werken aus. Und doch sind seine Bilder keineswegs sentimental, vermitteln sie doch das Bewusstsein für die dunklen Mächte, die jeden Augenblick in die hart erkämpfte Ruhe einbrechen können. Man muss nicht extra betonen, dass Holland kein fleckenlos reines Land war; wir erahnen genug von dieser anderen Seite, die durch die vielen Fenster am Ende der Flure auf de Hoochs Leinwänden sichtbar wird. Man muss auch nicht extra betonen, dass diese von den Frauen hergerichtete Ordnung im Haus jeden Moment durch einen losbrechenden Krieg oder einen Taugenichts von einem Ehemann zerstört werden kann; denn wir spüren diese drohende Gefahr hier nur allzu gut.

Auf einem seiner Bilder sieht man eine Mutter, die dem brav neben ihr stehenden Sohn ein Butterbrot schmiert. Den adretten grauen Mantel und die polierten Schuhe hat er schon an, in der Hand hält er seinen Hut. Diese Szene ist ergreifend und gleichzeitig völlig unsentimental, weil wir die Nähe zwischen Mutter und Sohn in diesem Bild förmlich fühlen können. Auf der linken Seite lenkt ein Korridor den Blick zu einer offenen Tür, die hinaus auf die Straße führt, wo man ein großes Gebäude mit der Aufschrift »Schole« erkennen kann. Gleich wird der Junge dieses Symbol der Zuwendung einer liebenden Mutter, die ihm all die Jahre seine Brote geschmiert und den Kopf nach Läusen abgesucht hat, in seiner Tasche verschwinden lassen und losgehen.

De Hoochs Kunst lehrt uns, wieder positiv über einen Begriff zu denken, zu dem wir heute ein so gespaltenes Verhältnis haben: Bürgerlichkeit. Das Wort ist überfrachtet mit negativen Konnotationen. Es suggeriert Konformität, fehlende Phantasie, Verstocktheit, Pedanterie und Snobismus. Aber in de Hoochs Welt heißt bürgerlich zu sein, sich einfach, aber geschmackvoll zu kleiden, weder vulgär noch affektiert zu sein, eine enge Beziehung zu den eigenen Kindern zu pflegen und sinnliche Genüsse wertzuschätzen, ohne sich der Zügellosigkeit hinzugeben. Fast steht sie für die Verkörperung des aristotelischen Ideals. De Hoochs Werke erfüllen die wertvolle Aufgabe, uns auf den Wert einer einfachen, häuslichen Lebenswelt hinzuweisen: das Abendessen, die Hausarbeit, das Bier mit einem Freund. Indem er die Aufmerksamkeit auf die Schönheit eines Mauerwerks lenkt, auf das Licht, das von einer blank geschrubbten Tür zurückgeworfen wird, auf die schweren Falten im Kleid einer Frau, lehrt uns de Hooch, an den allgegenwärtigen, aber zu oft vernachlässigten Inhalten unserer Welt Freude zu empfinden.

5.

Etwa siebzig Jahre bevor Pieter de Hooch seine großen Meisterwerke schuf, hielt Michel de Montaigne in seinen *Essais* Überlegungen fest, die etwas von der

Atmosphäre in de Hoochs Bildern wiedergeben. Und gleichzeitig vermitteln sie auch viel von den positiven Eigenschaften, über die Zürich in meinen Augen verfügt. Bemüht, seine Leser an die Freuden des einfachen Lebens zu erinnern, schreibt Montaigne:

»Eine Festung zu stürmen, eine Gesandtschaft zu leiten, ein Volk zu regieren, das sind fürwahr funkelnde Taten. Aber tadeln, lachen, verkaufen, bezahlen, lieben, hassen und sanftmütig und gerecht mit den Seinen zu leben – und mit sich selbst – dabei weder nachlässig zu werden, noch sich selbst zu belügen, das bedeutet etwas noch viel Außergewöhnlicheres, Selteneres und Intensiveres. Was auch immer die Leute sagen mögen, ein genügsames Leben geht mit Aufgaben einher, die mindestens genauso schwierig und hart zu erfüllen sind wie die, die jede andere Lebensweise mit sich bringt.«

Leider wird diese Sichtweise allzu oft vernachlässigt. Wir vergessen, dass auch das Broteschmieren für unser Kind und das Bettenmachen wunderbare Dinge sein können. Sir Joshua Reynolds hat das eindeutig nicht verstanden. In seiner Schrift über Jan Steen merkt Reynolds an, dass dessen Werk zwar wunderbar sei, aber seine Arbeiten hätten nur dann »zu den großen Säulen und Eckpfeilern der Kunstgeschichte« gehören können, wenn er in Rom, der großartigsten

Stadt für Künstler schlechthin, und nicht in diesem deprimierenden Kaff namens Leiden gelebt hätte – ein Städtchen, das Zürich gar nicht so unähnlich ist. In Rom, so Reynolds, hätte Steen genügend Inspiration gefunden, um wahrlich großartige Bilder zu malen, anstatt seine Kunst an Bettler und Kaufleute, Provinznester und das Kleinklein der alltäglichen Mühen zu verschwenden. Es zählt zu den wunderbarsten Errungenschaften der niederländischen Malerei des 17. Jahrhunderts, dass sie Sir Joshua Reynolds in diesem Punkt eines Besseren belehrt hat. Neben Steen und Vermeer hat sich auch Pieter de Hooch mit seiner den Hof ausfegenden Hausfrau in diesem Punkt Anerkennung verdient.

6.

Zürichs einzigartige Lektion an die Welt besteht darin, uns daran zu erinnern, wie einfallsreich und im wahrsten Sinne menschlich es sein kann, von einer Stadt zu verlangen, dass sie nichts weiter sei als bürgerlich und langweilig.

Über das Schreiben (und Forellen)

Mein erstes Buch verfasste ich im Alter von zehn Jahren. Es war ein Tagebuch, in dem ich über meine Sommerferien, die ich mit meinen Eltern, Geschwistern und dem Hund in der Normandie bei Houlgate verbrachte, schrieb. »Gestarn ist nicht vil passiert. Heute war das Weter schön. Wir waren den ganzen Tag schwimmen. Es gab Salat zum Mittagessen. Es gab Forelle zum Abendessen. Nach dem Essn haben wir uns einen Film angeguckt über einen Mann, der Gold in Peru gefunden hat«, heißt es in einem typischen Eintrag vom 23. August 1978. (Übrigens war ich kein Legastheniker, ich musste ganz einfach das Schreiben noch etwas üben.) Dieses Buch ist leider völlig unlesbar, weil der Autor, trotz bester Absichten und einer sehr sauberen Handschrift, es nicht verstanden hat, einzufangen, was wirklich passiert ist. Es gibt hier eine Aneinanderreihung von Tatsachen, da ist die Forelle und der Wetterbericht, aber das eigentliche Leben verfehlt er. Es ist, als schauten wir uns ein selbstgedrehtes Video an, auf dem wir nur

Füße oder den Himmel zu sehen bekommen, und man sich fragen muss, wer eigentlich die Menschen in dem Video gewesen sind und was zwischen ihnen geschah.

Mit dem Schreiben ist es oft so. Selbst wenn die Rechtschreibung mit den Jahren besser wird, ist es immer noch sehr schwer, Wörter so aneinanderzureihen, dass sie unserer ursprünglichen Intention auch entsprechen. Häufig kratzt der niedergeschriebene Bericht nur an der Oberfläche der Dinge. Wir sehen einen Sonnenuntergang und versuchen dann, irgendein treffendes Wort zu finden, das wir in unserem Tagebuch festhalten können. Schließlich beschreiben wir den Moment dann doch einfach als »schön«, obwohl wir genau wissen, dass er so viel mehr war als das. Aber je schwerer es uns fällt, das Leben in Worte zu fassen, desto schneller ist dieses undefinierbare *Mehr* auch wieder vergessen. Wir wollen die Ereignisses des Tages festhalten und erstellen deshalb eine Liste darüber, wo wir hingegangen sind und was wir dort gesehen haben. Aber wenn wir schließlich den Stift wieder hinlegen, wissen wir ganz genau, dass wir heute einige sehr kostbare, flüchtige Erfahrungen gemacht haben, die wir gar nicht beschreiben können. Und doch sind das die wichtigsten Ereignisse des Tages gewesen.

Es gehört so viel mehr dazu, das Leben festzuhalten, als einen möglichst korrekten Bericht der eigenen

Sinneseindrücke abzugeben. Die bloßen Informationen darüber, was jemand gesehen hat, machen noch kein Kunstwerk: erst wenn sie einem gewissen Prozess des Aussortierens, Auswählens und Reflektierens unterworfen wurden, besteht die ferne Möglichkeit, dass die zu Papier gebrachten Sätze auch natürlich wirken. Hier ein Abschnitt aus Virginia Woolfs Tagebuch, in dem sie beschreibt, was am 15. Februar 1915 geschah:

»Leonard (ihr Mann) und ich fuhren heute Nachmittag nach London; L. in die Bibliothek & ich treibe mich im West End herum, suche Kleider aus. Ich gehe ja schon fast in Lumpen. Mit den Jahren hat man immer immer weniger Hemmungen, einen exquisiten Laden zu betreten. Schaue mich bei Debenham & Marshalls um. Dann Tee & runter nach Charing Cross, nun schon im Dunkeln. Überlege mir Sätze & Szenen, über die sich schreiben ließe. Wahrscheinlich ist das der sicherste Weg, vermute ich, um umgebracht zu werden. Ich kaufte ein blaues Kleid für zehn & elf Pennies, das ich trage, während ich dies schreibe.«

Es ist schwer zu sagen, warum dieser Text funktioniert, wodurch es diesem Bericht gelingt, etwas vom wahren Leben festzuhalten. Anscheinend hat Woolf einfach die richtigen Details herausgefischt, schließlich wusste sie, wo sie suchen musste. Das leise Eingeständnis über die Scheu vor feinen Geschäften, ihre Beobachtung des merkwürdigen Treibens an der Charing Cross Road und dieser einmalige Schlusssatz »das ich trage, während ich dies schreibe« …

Das Paradoxe an Büchern ist, dass sie uns oft Dinge über unser eigenes Leben erzählen, deren wir uns zuvor nicht gewahr wurden. Die Worte eines anderen vermitteln uns ein besseres Verständnis davon, wer wir sind und wie die Welt um uns beschaffen ist. Zum Beispiel lehrt mich Goethes Werther, was es heißt, jung und von einer unerwiderten Liebe gequält zu sein. In der gelehrten Dummheit der Politiker und Werbeleute sehe ich Flauberts Homais wiederauferstehen. Es sind die leidvollen Zeilen von Proust, die mir nahebringen, was im mir vorgeht, wenn die Eifersucht in mir tobt.

Aber ein gutes Buch kann uns nicht nur dabei helfen, unsere eigenen Emotionen zu entschlüsseln und andere Menschen zu verstehen. Vielmehr beschreibt es sie sogar noch *viel besser*, als wir es je vermocht hätten. Es lässt uns Beobachtungen machen, die wir als *unsere ureigenen* wiedererkennen, aber auf diese Weise niemals selbst hätten formulieren können.

Zum Beispiel könnten wir eine Person wie Prousts fiktionale Herzogin de Guermantes in unserem Bekanntenkreis haben. Vielleicht kam uns das Verhalten dieser Frau schon immer etwas überheblich und beleidigend vor, ohne dass wir begründen konnten, woher dieses Gefühl rührte. Bis wir bei Proust diese Stelle lesen, in der er ganz diskret in Klammern eine Reaktion besagter Herzogin beschreibt, die sie zeigt, als eine gewisse Madame de Gallardon es sich während eines kleinen Dinners herausnimmt, die Herzogin unter ihrem Taufnamen Oriane des Laumes und dann auch noch nur bei ihrem Vornamen anzusprechen.

»›Oriane‹ (augenblicklich hielt Madame des Laumes mit gespielter Verwunderung nach einer unsichtbaren dritten Person im Raum Ausschau, die sie gleichsam als Zeugen dafür anrief, dass sie Madame de Gallardon nie erlaubt hatte, sie bei ihrem Mädchennamen zu nennen), … «

Ein Effekt, den die Lektüre eines Buches auslöst, das selbst noch solch subtilen Schwingungen Aufmerksamkeit schenkt, ist, dass, sobald wir es beiseitegelegt haben und unser normales Leben wiederaufnehmen, unser Gespür für bestimmte Dinge geschärft sein wird, auf die der Autor oder die Autorin reagiert hätte, wäre er oder sie an unserer Stelle. Unser Geist ist zu einem feiner justierten Radar geworden, der besondere durch das Bewusstsein treibende Dinge aufzuspüren vermag. Es ist so, wie wenn man ein Radio in einem zuvor völlig stillen Raum aufstellt. Denn erst jetzt bemerken wir, dass diese Stille nur in einem gewissen Frequenzbereich existierte und dass in Wirklichkeit die ganze Zeit über dieser Raum von Wellen durchzogen war, die vielleicht von einem ukrainischen Sender ausgingen oder einem nächtlichen Gespräch unter Taxifahrern. Unsere Aufmerksamkeit wird sich nun auf die Schattierungen am Himmel richten, auf die feinen Veränderungen in einem Gesichtsausdruck, die Heuchelei eines Freundes oder auf die stille Traurigkeit einer Situation, von der wir vorher nicht einmal geahnt hätten, dass sie uns bekümmern könnte.

Über das Komische

1.

Den Sommer 1831 verbrachte der französische König Louis-Philippe in bester Verfassung. Das politische und ökonomische Chaos der Julirevolution, das ihm im Jahr zuvor zum Thron verholfen hatte, hatte wachsendem Wohlstand und Ordnung Platz gemacht. Er verfügte über ein sehr kompetentes Kabinett, angeführt von Premierminister Casimir Périer. Bei seinen Besuchen der östlichen und südlichen Teile des Landes war er von der ländlichen Bevölkerung wie ein Held empfangen worden. Das Leben im Palais-Royal in Paris gestaltete sich luxuriös. Jede Woche hielt man ein Bankett zu seinen Ehren ab, denn er hatte eine Vorliebe für gutes Essen (seine Leibspeisen waren Foie gras und Wildfleisch). Er verfügte über ein gewaltiges Vermögen und wusste eine liebevolle Frau und gesunde Kinder an seiner Seite.

Doch es gab da eine Sache, die Louis-Philippes Stimmung trübte. Gegen Ende des Jahres 1830 hatte ein bis dato unbekannter dreißigjähriger Künstler namens Charles Philipon eine Satirezeitschrift gegründet, *La Caricature*. Darin hatte er das Haupt des Königs, den er der Korruption und himmelschreienden Unfähigkeit beschuldigte, in Form einer Birne dargestellt. Philipons Karikatur spielte damit nicht nur auf die dicken Backen und die vorgewölbte Stirn des Königs an, sondern vermittelte mit dem Verweis auf das französische Wort für Birne, *poire*, das auch Dickschädel und Trottel bedeuten kann, auf recht unverblümte Art, dass er von Louis-Philippes Regierungsweise nicht gerade die höchste Meinung hatte.

Der König war außer sich. Er befahl, die weitere Publikation der Zeitschrift einzustellen, und erteilte die Order, alle noch an den Pariser Zeitungskiosken ausliegenden Ausgaben aufzukaufen. Doch da sich Philipon dadurch nicht einschüchtern ließ, wurde er schließlich im November 1831 vors Pariser Gericht gestellt, da er wegen Majestätsbeleidigung angeklagt worden war. In seiner Verteidigungsrede vor einem vollbesetzten Saal dankte Philipon der Staatsanwaltschaft zunächst dafür, dass sie einen so gefährlichen Mann wie ihn festgenommen hatte, wies aber auch auf die Versäumnisse der Regierung bei der Verfolgung der eigentlichen Verleumder der königlichen Würde hin. Nun solle doch oberstes Staatsziel sein, sämtliche birnenförmigen Objekte sofort festzunehmen und dabei selbst vor den eigentlichen Früchten nicht haltzumachen. Schließlich hingen Tausende davon an Bäumen über ganz Frankreich verteilt. Jede dieser Birnen, mokiert sich Philipon, sei eine Verbrecherin, die unverzüglich ins Gefängnis gehöre. Das hohe Gericht fand das nicht sehr amüsant. Philipon wurde zu sechs Monaten Haft verurteilt, und als er den Birnenwitz in seiner neugegründeten Zeitschrift *Le Charivari* im darauffolgenden Jahr wiederholte, wurde er kurzerhand und ganz ohne Verhandlung ins Gefängnis gesteckt. Insgesamt verbrachte er zwei Jahre hinter Gittern wegen des Verbrechens, den König als eine Obstsorte dargestellt zu haben.

2.

Louis-Philippe hätte niemals so beleidigt reagiert, wenn er die Karikatur bloß als Teil eines Spiels begriffen hätte. Vor allen anderen durfte er doch feststellen, dass der Witz auch eine Form kaum verhohlener Kritik ist. Der Witz ist eine andere Form der Beschwerde: über Arroganz, Grausamkeit oder Wichtigtuerei und die Abkehr von gesundem Menschenverstand und Moral.

Der besondere Effekt bei dieser Art der Beschwerde liegt darin, dass sie eine wertvolle Botschaft vermittelt, während sie sich als einfaches Mittel zur Unterhaltung tarnt. Die Karikatur muss keine lange Predigt über den Missbrauch der Macht halten. Stattdessen bringt sie uns dazu, die Angemessenheit ihrer Vorwürfe gegenüber Autoritäten mit einem Schmunzeln zu würdigen.

Darüber hinaus (wenn wir die Gefängnisgeschichte Philipons einmal beiseitelassen) erlaubt uns der Witz mit seiner vordergründigen Unbedarftheit, Aussagen zu treffen, die man ansonsten nur unter größter Gefahr oder überhaupt nicht direkt aussprechen dürfte. In der Geschichte war es immer dem Hofnarren als Einzigem erlaubt, dem König bestimmte ernste Dinge zu unterbreiten, die keinem anderen über die Lippen gehen durften. (Als König James I. von England, der seinerzeit einem notorisch korrupten Klerus vorstand, Probleme hatte, eines seiner Pferde dickzufüttern, schlug ihm sein Hofnarr Archibald Armstrong vor, er könne das Pferd doch einfach zum Bischof ernennen, dann würde es die nötigen Pfunde innerhalb kurzer Zeit schon ansetzen.)

Doch nicht jede hochrangige Persönlichkeit eignet sich grundsätzlich dafür, durch den Kakao gezogen zu werden. Wir werden wohl nicht über einen Chirurgen lachen, der gerade eine komplizierte Operation durchführt. Aber wir würden über den gleichen Arzt lachen, wenn er nach besagter Operation nach Hause kommt und seine Frau und Tochter mit seinem aufgeblasenen Fachjargon einzuschüchtern versucht. Wir lachen über das Exzessive und Überproportionierte. Wir lachen über Könige, deren Selbstwahrnehmung ihre Verdienste übersteigt, deren gottgleiches Gehabe nicht mit ihrer tatsächlichen Macht übereinstimmt. Wir lachen über Individuen von hohem Status, die ihre Menschlichkeit vergessen und ihre Privilegien missbrauchen. Wir lachen, und durch dieses Lachen üben wir Kritik an offensichtlicher Ungerechtigkeit und Maßlosigkeit.

Deshalb kann unter den Händen der besten Karikaturisten das Lachen auch einen moralischen Zweck erfüllen. Der Witz wird zu einem Versuch, andere dazu zu bewegen, ihren Charakter und ihre Verhaltensweisen zu überdenken. Witze bieten auch die Möglichkeit, ein politisches Ideal zu umreißen, um eine gerechtere und vernünftigere Welt hervorzubringen. Wo immer Ungerechtigkeit und Verblendung herrschen, eröffnet uns die in Humor gekleidete Kritik neue Möglichkeitsräume. Wie Samuel Johnson einst sagte, ist die Satire nur ein anderer Weg – und ein besonders effektiver noch dazu –, um »der Boshaftigkeit und Torheit Einhalt zu gebieten«. Oder mit den Worten John Drydens gesprochen: »Das wahre Ziel der Satire ist die Korrektur der Laster.«

3.

Das Komische ist nicht nur ein nützliches Instrument, um die Obrigkeit zu attackieren. Es kann uns auch dabei helfen, mit unseren eigenen Statusängsten umzugehen.

Vieles von dem, das wir besonders witzig finden, dreht sich um Situationen und Gefühle, denen wir im alltäglichen Leben mit Scham begegnen. Die wirklich großen Karikaturisten legen den Finger in die Wunde und benennen unsere Fehler und Unzulänglichkeiten, denen wir uns nicht offen stellen wollen. Durch sie müssen wir uns nicht mehr ganz allein mit diesen peinlichen Seiten unserer Persönlichkeit auseinandersetzen. Je privater und intensiver eine Angst ist, desto größer ist auch die Garantie, dass wir darüber lachen können. Dann ist dieses Lachen eine Form der Anerkennung der besonderen Fähigkeiten desjenigen, der den Witz macht, der das eigentlich Unaussprechliche pointiert beim Namen nennt.

Daher ist es auch nicht verwunderlich, dass ein Großteil des Humors darauf abzielt, Statusängste zu benennen und einzudämmen. Er erinnert uns daran, dass es noch andere Menschen auf dieser Welt gibt, die nicht weniger neidisch oder sozial verunsichert sind als wir. Dass auch die anderen manchmal aus Sorge um die Finanzen mitten in der Nacht schweißgebadet aufwachen und dass wir alle hinter der nüchternen Fassade, die die Gesellschaft von uns verlangt, ein wenig verrückt sind –, und das bringt uns dazu, unseren mit uns leidenden Nachbarn die Hand zu reichen.

Anstatt uns mit unseren Sorgen aufzuziehen, necken uns die besseren Karikaturisten vielmehr: Sie kritisieren uns zwar, deuten aber gleichzeitig an, dass unsere Fehler nachvollziehbar sind. Dank ihrer Kunstfertigkeit erkennen wir zuweilen mit einem offenen Lachen die bittere Wahrheit über uns selbst, vor der wir uns vielleicht wuterfüllt und zornig verschlossen hätten, wäre sie uns nicht auf diese einfache, aber aufrüttelnde Weise nahegebracht worden.

4.

Für die Karikaturisten gilt daher, wie für andere Künstler auch, die überzeugende Definition Matthew Arnolds, der Kunst als eine Disziplin beschreibt, die Raum zur Kritik ermöglichen soll. Deren Kunst ist darauf aus, sowohl soziale Ungerechtigkeiten als auch das Ausmaß unseres Neids gegenüber Bessergestellten zu korrigieren. Wie die Tragödie befasst sich die Karikatur mit einigen der eher unschönen Umstände innerhalb unserer höchst bedauernswerten Existenz.

So könnte das darunterliegende, unbewusste Ziel der Karikatur letztlich darin bestehen, eine Welt hervorzubringen – und zwar, indem sie vom Humor äußerst geschickt Gebrauch macht –, in der man weniger Dinge vorfindet, die einfach nur zum Lachen sind.

Alain de Botton
Versuch über die Liebe
Roman
Aus dem Englischen von Helmut Frielinghaus
Band 13839

Der Held und Ich-Erzähler dieses ach so bekannten und
immer wieder neuen Abenteuers der Liebe ist Mitte zwanzig und verliebt sich auf den ersten Blick unsterblich in
Chloe, eine junge und attraktive Graphikdesignerin, die auf
dem Flug von Paris nach London neben ihm saß. Was so
zufällig, so normal und gewöhnlich und doch vom Schicksal vorherbestimmt in der Luft beginnt, ist der Anfang einer
Liebesgeschichte mit allen Aufregungen und Verwirrun-
gen, die zwei Menschen, die einander entdecken, erleben
können. Der Leser beobachtet amüsiert, wie die analytische
Rationalität des Erzählers dem romantischen Überschwang
der Ereignisse von Anfang an entgegenläuft. Der Roman ist
eine ausgelassene, selbstironische Übung in Sachen Sprache
und Liebe – geistreich, heiter, und leider endet sie so wie die
allermeisten Liebesgeschichten.

Fischer Taschenbuch Verlag

Alain de Botton
Kunst des Reisens
Aus dem Englischen von Silvia Morawetz

Band 15804

»Ich glaube, dass die Liebe und das Reisen unsere größten Glücksphantasien sind.«

Alain de Botton, »belletristischer Essayist« und literarischer Flaneur, hat mit seinem gescheiten, anregenden und amüsanten Buch über Lust und Zweifel beim Reisen seinen Betrachtungen zum Sinn des Lebens ein neues Kapitel hinzugefügt. Auf der Spur seiner originellen Erfolgsbücher – »Wie Proust Ihr Leben verändern kann« und »Trost der Philosophie« – entdeckt er für uns »die Farben des Reisens« (›Der Spiegel‹).

Fischer Taschenbuch Verlag